Herbert Feldkamp

Marmelade & Co.

Die besten Rezepte

LUDWIG

Inhalt

Nutzen Sie die Vielfalt heimischer Obstsorten und exotischer Früchte für unvergleichlichen Geschmacks.

Mit wenig Aufwand lässt sich so reiner Fruchtsaft gewinnen.

Greifen Sie zu, wenn Sie köstlich reife Aprikosen entdecken!

Vorwort

Marmelade & Co. selbst zubereiten bedeutet, die ganze Vielfalt des heimischen und exotischen Obstangebotes nutzen und einen Geschmacksreichtum schaffen zu können, wie ihn kein industrieller Hersteller bieten kann.

Warum Marmelade & Co. selbst zubereiten, wenn doch die Regale in den Supermärkten bis zum Überfluss mit Marmeladen, Konfitüren und Gelees gefüllt sind? Sieht man jedoch näher hin, stellt man fest, dass nur die gängigsten Standardsorten angeboten werden. Sie spiegeln jedoch in keiner Weise die Möglichkeiten an fruchtigen Einmachprodukten wider, die sich aus der Vielzahl der heimischen und exotischen Früchte zubereiten lassen. Was Sie kaufen können ist eine gut schmeckende, aber auf einen Durchschnittsgeschmack ausgerichtete Massenware. Ob Sie ein Glas Erdbeerkonfitüre in Hamburg oder in München kaufen, das Aussehen und der Geschmack sind gleich.

Qualität selbst bestimmen

Machen Sie sich jedoch die Mühe, Ihre Marmelade selbst herzustellen, dann können Sie sich die ganze Vielfalt des Obstangebotes zunutze machen und Marmelade & Co. zubereiten, wie sie selbst in Delikatessenläden nicht zu finden sind.
Wenn Sie Marmelade & Co. selbst zubereiten, dann entscheiden Sie über die Qualität Ihres Produktes. Sie sind nicht durch EU- oder nationale Bestimmungen eingeschränkt. Sie entscheiden, welches Obst oder welche Zutaten Sie verwenden, ob Sie Marmelade, Konfitüre, Gelee oder einen Fruchtaufstrich zum Lagern oder für den sofortigen Verzehr zubereiten, ob Sie viel, wenig oder gar keinen Zucker verarbeiten. Sie können die Produkte nach Ihrem ganz persönlichen Geschmack würzen. Sie bestimmen, ob und in welchem Umfang Sie Konservierungsstoffe verwenden wollen. Die Industrie hat diese Freiheit nicht. Sie muss Konservierungsstoffe benutzen, um die Haltbarkeit der Waren über einen langen Zeitraum garantieren zu können. So wird etwa das Mus, die Pulpe, das durch das Zerkleinern der Früchte entsteht, zum Haltbarmachen sterilisiert oder durch Zugabe von Schwefelsäure gegen Verderben geschützt. Auch bei der Zitronensäure, die zum besseren Gelieren der Pulpe zugesetzt wird, handelt es sich

nicht um den Saft von Zitronen, sondern um ein Substrat, das aus Schimmelpilzen gewonnen wird.

Keine Angst vor dem Selbermachen

Vielleicht erinnern Sie sich noch an die Körbe voller Obst, die Ihre Großmutter während der Erntezeit putzen und einkochen musste, an die blau gefärbten Hände, die tagelang nicht mehr sauber zu bekommen waren oder an die Berge von Gläsern, die geschrubbt werden mussten, und schrecken deshalb vor dem Selbermachen zurück. Tun Sie es nicht, denn diese Tage der Knochenarbeit sind vorbei. Heutzutage, wo Sie Ihren täglichen Bedarf jederzeit im Supermarkt um die Ecke decken können, ist eine Vorratshaltung, wie sie unsere Großeltern betrieben, unnötig. Was sollten Sie auch mit 50 Gläsern Erdbeermarmelade? Selbst wenn sie Ihnen noch so gut gelungen wäre, Sie hätten sich wahrscheinlich schnell daran übergessen.

In diesem Ratgeber empfehlen wir, immer nur kleine Mengen Marmelade & Co. herzustellen. Mengen, die schnell verzehrt sind, um wieder neue zu probieren. Sie sollen sich wie ein Künstler fühlen, der immer wieder etwas Neues kreiert. Wenn Sie nur ein bis zwei Kilogramm Obst auf einmal verarbeiten, dann ist das kein großer Aufwand. Selbst eine kleine Stadtküche reicht dazu aus.

Was bietet dieser Ratgeber?

Dieses Buch soll Ihnen den Einstieg in die Zubereitung von Marmelade & Co. erleichtern. Es vermittelt einen Überblick über die verschiedenen Obstarten, ihre Inhaltsstoffe und Angebotszeiträume. Es beschreibt, welche Geräte und welches Zubehör man zum Einkochen benötigt und welche Zutaten erforderlich sind. 75 Rezepte bieten dazu eine reiche Auswahl an Zubereitungsmöglichkeiten. Wenn Sie dieser Anleitung folgen, werden Sie auf Anhieb schmackhafte Marmeladen, Konfitüren, Gelees und Fruchtaufstriche herstellen können.

Standardisierte Zutaten wie Gelierzucker oder andere Gelierhilfen sorgen dafür, dass sich der Erfolg beim Einkochen ganz sicher einstellt.

Ein Frühstück mit selbstgemachter Marmelade – da beginnt der Tag gut gelaunt.

Marmelade, Konfitüre, Fruchtaufstrich

und Gelee aus eigener Herstellung sind

etwas Feines, nicht nur sonntags.

Gutes *aus* Obst und Früchten

Obst ist der klassische Rohstoff, aus dem Marmeladen, Konfitüren, Gelees und Fruchtaufstriche zubereitet werden. Es können zwar auch schmackhafte Aufstriche aus Gemüse hergestellt werden, doch ist dies eher selten. Mit Ausnahme von Rhabarber, der nicht, wie vielfach angenommen wird, zum Obst, sondern zum Gemüse zählt, befasst sich dieser Ratgeber ausschließlich mit der Verarbeitung von Obst.

Begriffsbestimmungen

Bei den Begriffen Marmelade, Konfitüre und Gelee herrscht eine geradezu babylonische Sprachverwirrung. »Marmelade« ist eine Bezeichnung, die regional sehr unterschiedlich gebraucht wird. In Norddeutschland dient sie als Sammelbegriff für die verschiedensten Brotaufstriche auf Obstbasis, im süddeutschen Raum wird dagegen eher der Begriff »Konfitüre« verwendet, und in England versteht man unter »Marmelade« streng genommen nur Aufstriche, die aus Zitrusfrüchten, vor allem Orangen, hergestellt werden.

In diesem Buch verwendete Begriffe

Um diesem Sprachgewirr zu begegnen hat die EU einheitliche Definitionen festgelegt. Sie sind jedoch so gewöhnungsbedürftig, dass wir uns hier lieber an die langläufig gebräuchliche Terminologie halten. Demnach ist in diesem Buch

Marmelade ein Aufstrich, der aus einer oder aus mehreren gemusten Fruchtarten zubereitet wird,

Konfitüre ein Aufstrich, der aus Fruchtstücken oder zum Teil gemusten Früchten hergestellt wird, in dem aber noch ganze Früchte oder Fruchtstücke enthalten sind,

Gelee ein Aufstrich, der aus Fruchtsaft zubereitet wird,

Fruchtaufstrich ein Brotbelag aus rohen Früchten,

Fruchtmus ein Aufstrich, der aus gemusten reifen und süßen Früchten eingekocht wird. Das Fruchtmus wird durch Verdampfen von Flüssigkeit auf die gewünschte Konsistenz reduziert.

In diesem Ratgeber werden Marmeladen aus zermustem Obst, Konfitüren aus zerkleinerten Früchten mit noch ganzen Fruchtstücken und Gelees aus reinem Fruchtsaft zubereitet.

Dagegen: Die Definitionen der EU

Im Gegensatz dazu legte die EU die Definitionen wie folgt fest:

Marmelade wird nur aus Zitrusfrüchten und Zucker hergestellt. Der

Marmelade & Co. kann man aus nahezu jeder Frucht herstellen. Eine geschmackliche Vielfalt erreicht man, wenn man verschiedene Obstarten miteinander vermischt oder alles mit Gewürzen und Fruchtbränden verfeinert.

Gesamtzuckergehalt muss 65 Prozent betragen und besteht aus dem fruchteigenen Zucker und dem zugesetzten Zucker.

Konfitüre ist ein Produkt, das aus mehreren Fruchtarten und Zucker hergestellt wird. Es kann aus ganzen Früchten, Fruchtstücken oder Fruchtmus zubereitet werden. Der Gesamtzuckergehalt muss ebenfalls 65 Prozent betragen.

Gelee muss aus reinem Fruchtsaft und Zucker bestehen, glatt und transparent sein.

Fruchtaufstriche sind alle anderen Aufstriche aus Obst, die nicht nach den genannten Verfahren hergestellt werden.

Obst in großer Vielfalt

Das heimische Obst wird in Kernobst, Steinobst und Beerenobst eingeteilt. Kernobst umfasst Äpfel, Birnen und Quitten. Unter Steinobst versteht man Kirschen, Pflaumen, Zwetschgen, Mirabellen, Pfirsiche, Nektarinen, Aprikosen und Schlehen. Beerenobst ist der Sammelbegriff für Himbeeren, Brombeeren, Erdbeeren, Johannisbeeren, Heidelbeeren, Holunderbeeren u. Ä. Das heimische Obst wächst in einer Sortenvielfalt, wie sie keine Obsttheke eines Supermarktes widerspiegelt. Zum Verkauf kommt nur das Obst, das die Gütenormen der EU oder die Vorschriften der deutschen Handelsklassen erfüllt. Allein an Äpfeln aber gibt es bei uns etwa 1500 verschiedene Sorten. In der Schweiz sind es sogar doppelt so viel. Birnen sind mit etwa 700 Sorten und Pflaumen mit ca. 2000 Sorten vertreten. Diese Sortenvielfalt liegt in den vielen kleinen, regionalen Anbaugebieten begründet. Als Südfrüchte werden meist Zitrusfrüchte wie Orangen, Grapefruit, Mandarinen und alle anderen Früchte aus wärmeren Ländern wie Ananas, Banane, Feige, Granatapfel, Kiwi und Papaya bezeichnet. Fast alle Früchte lassen sich alleine oder in Kombination mit anderen Sorten zu schmackhaften Aufstrichen verarbeiten. Die Rezepte in diesem Ratgeber stellen deshalb nur einen Teil der möglichen Kombinationen dar und sollen zu Eigenkreationen animieren.

Inhaltsstoffe von Obst pro 100 Gramm essbarem Anteil

Fruchtart	Kohlenhydrate	Vitamine				Mineralstoffe		
		A	B1	B2	C	Kalium	Kalzium	Phosphor
	g	µg	µg	µg	mg	mg	mg	mg
Kernobst								
Äpfel	12	10	40	30	11	140	7	10
Birnen	13	15	50	40	5	130	16	20
Steinobst								
Aprikosen	11	250	40	50	9	250	16	21
Süßkirschen	13	45	40	30	9	200	14	20
Pfirsiche	10	70	50	50	10	200	6	30
Pflaumen	14	33	70	40	5	210	13	15
Nektarinen	16	455	–	–	12	270	4	20
Beerenobst								
Brombeeren	9	45	30	40	17	190	30	30
Erdbeeren	7	8	30	50	62	140	25	15
Heidelbeeren	13	20	20	10	21	65	10	10
Himbeeren	8	7	20	50	25	170	40	40
Johannisbeeren, rot	9	6	40	30	35	230	30	25
Johannisbeeren, schwarz	12	23	50	40	170	300	45	40
Preiselbeeren	9	4	10	20	12	65	13	10
Stachelbeeren	9	34	20	20	34	200	30	30
Südfrüchte								
Ananas	7	5	40	20	11	95	9	5
Bananen	16	25	30	40	8	260	6	20
Kiwis	12	50	10	40	93	260	30	25
Orangen	9	11	60	30	36	130	30	15
Papaya	8	375	30	30	40	165	14	12

Obst macht gesund und munter

Alle Früchte sind reich an für uns lebenswichtigen Vitaminen, Mineralstoffen und Kohlenhydraten, inklusive Ballaststoffen, Säuren und Proteinen. Leider sind einige jedoch sehr empfindlich gegen Hitze. Beim Einkochen von Marmelade & Co. lässt sich Hitze jedoch nicht vermeiden. Um die kostbaren Wirkstoffe weitgehend zu erhalten, sollte sie jedoch nur so kurz wie möglich angewendet werden. Lange Einkochzeiten, wie früher üblich, sollten vermieden werden.

Pektine werden technologisch aus Apfeltresten, Rübenschnitzeln oder aus den Schalen von Zitrusfrüchten gewonnen. Als Zugabe zum Gelierzucker oder als reines Geliermittel werden sie dann den Früchten bei der Herstellung von Marmelade & Co. zugeführt.

Ohne Pektin geht es nicht

Für das Zubereiten von Marmelade, Konfitüre, Gelee und Fruchtaufstrich ist Pektin ein unverzichtbarer Wirkstoff. In Verbindung mit Zucker und Säuren sorgt er dafür, dass die Früchte gelieren. Pektine sind langkettige Kohlenhydrate, die als Stützsubstanzen in pflanzlichen Zellwänden für die Struktur der Früchte sorgen. Pektin verhindert also, dass die Frucht Saft verliert. Mit zunehmender Reife wird das Pektin durch fruchteigene Enzyme abgebaut. Die Früchte werden weich. Unreife Früchte enthalten viel, überreife Früchte dagegen kaum noch Pektin. Für das Einkochen von Marmelade bedeutet das, dass auch nicht voll ausgereifte oder noch unreife Früchte verarbeitet werden können. Sehr reife Früchte sollten zum besseren Gelieren mit noch unreifen Früchten gemischt werden.

Pektinreiche Früchte sind Äpfel, Quitten, Heidelbeeren, Johannisbeeren, Preiselbeeren, Stachelbeeren, Bitterorangen und Zitronen.

Einen **mittleren Pektingehalt** besitzen Aprikosen, Birnen, Brombeeren, Himbeeren, Heidelbeeren, Mirabellen/Renekloden, Pfirsiche/Nektarinen und Stachelbeeren.

Wenig Pektin enthalten Ananas, Bananen, Erdbeeren, Holunderbeeren, Kirschen, Kiwis und Rhabarber.

Obst auswählen

Nur im reifen Obst ist das arttypische Aroma optimal ausgeprägt. Bei unreifen Früchten sind der Zucker und die Aromastoffe noch unterentwickelt. Im Gegensatz dazu ist der Säuregehalt sehr hoch. Bei überreifen Früchten dagegen hat der Abbau aller Stoffe bereits begonnen.

An der Sonne ausgereift

Sonnengereiftes Obst hat die größte Ausprägung an Aromastoffen. Sie sollten, wenn möglich, deshalb das Obst erst kurz vor dem Verarbeiten reif pflücken oder kaufen. Eine Ausnahme bilden Äpfel, Aprikosen, Birnen, Kiwis, Pfirsiche und Pflaumen. Diese Früchte reifen auch bei Lagerung noch nach. Trotzdem halten viele sonnengereiftes Obst für am schmackhaftesten.

Wollen Sie Obst selbst pflücken, sollten Sie es an einem trockenen Tag tun, damit das Aroma des Obstes nicht durch die an den Früchten haftende Feuchtigkeit verwässert wird. Achten Sie beim Pflücken von Beeren in der freien Natur darauf, dass Sie sie möglichst nicht an Straßenrändern ernten. Sie dürften hier nicht nur übermäßig staubig, sondern auch stark mit Schadstoffen belastet sein.

Beim Kauf darauf achten

Beim Kauf von Obst kann man sich an den Güteklassen der EU und den deutschen Handelsklassen orientieren. Dieses Obst muss frisch, gesund, heil und sauber sein. Die Güte- und Handelsklassen sollten jedoch nicht die einzigen Auswahlkriterien sein, denn hierbei spielen wie etwa bei Äpfeln vornehmlich Aussehen, Farbe und Größe eine Rolle. Für die Herstellung von Marmelade sind die Kriterien jedoch uninteressant. Hierbei kommt es nur auf die »inneren Werte« an. Obst aus biologischem Anbau eignet sich besonders für die Verarbeitung, da es nicht mit chemischen Mitteln behandelt wird.

Nur kleine Mengen

Beschaffen Sie sich nur so viel Obst, wie Sie auf einmal verarbeiten können oder wollen. Für einen kleinen Haushalt empfiehlt es sich, nur geringe Mengen für eine einzige Marmela-

Augen auf beim Auswählen von Obst. Es lohnt sich, auf gute Ware zu achten, denn das Endprodukt kann nur so gut sein, wie die Ausgangsware einmal war.

Auch wenn es manchmal schrumpelig ist, ergibt das Obst aus dem eigenen Garten die aromatischste Marmelade.

densorte zu verarbeiten. Kochen Sie dafür lieber öfter unterschiedliche Arten ein. Das bringt nicht nur eine größere Geschmacksvielfalt auf den Frühstückstisch, sondern bedeutet auch weniger Arbeit und dürfte mehr Spaß machen, als riesige Schüsseln Obst auf einmal verarbeiten zu müssen. Der Vorrat soll ja nur bis zur nächsten Saison reichen.

Preiswerter Obsterwerb

Die billigste und beste Quelle ist natürlich der eigene Garten. Ebenso einfach und günstig ist es, sich das Obst aus der Nachbarschaft zu beschaffen. Heutzutage verwerten nur noch wenige ihr Gartenobst. Oft sind Ihre Nachbarn Ihnen dankbar, wenn Sie sie von den lästigen, Insekten anziehenden Früchten befreien, insbesondere, wenn sie als Dank dafür einige Gläser Marmelade bekommen. Obst kann man auch günstig zum Marktschluss auf Wochen- und Großmärkten kaufen, vor allem wenn es sich um leicht verderbliche Arten handelt. Auch Selbstpflückanlagen sind eine gute Quelle.

Angefaultes, schimmeliges Obst sollte nicht verarbeitet werden. Es mindert nicht nur die Qualität von Marmelade & Co., sondern kann durchaus auch gesundheitsgefährdend sein.

Das Ernten von Früchten in der freien Natur ist eine mühsame, aber lohnende Beschäftigung, da diese Früchte besonders aromatisch sind. Sie müssen jedoch dafür sorgen, dass Sie vom Besitzer des betreffenden Gebietes eine Genehmigung zum Pflücken haben. Die am besten tragenden Brombeersträucher und Holunderbeerbüsche stehen meist auf bäuerlichem Land, fernab von Durchgangsstraßen.

Zum Transportieren und Lagern von Obst sollten Sie keine Plastiktüten verwenden. Das Obst bekommt keine Luft, »schwitzt« schnell und verdirbt rasch. Geeignet sind hingegen luftige Holzkisten, Weidenkörbe, aber auch luftdurchlässige Plastikkörbe.

Wann gibt es welches Obst?

Viele Obstarten kann man das ganze Jahr über kaufen. Die folgende Übersicht zeigt, wann mit dem größten und preisgünstigsten Angebot zu rechnen ist, beziehungsweise in welchen Monaten Obst aus einheimischem Anbau geerntet werden kann, beziehungsweise auf den Markt kommt.

Ernte- und Einkaufszeiten

	Jan	Febr	März	April	Mai	Juni	Juli	Aug	Sept	Okt	Nov	Dez
Kernobst												
Äpfel	X	X	X	X				H	H	H	X	X
Birnen								H	H	H	X	X
Steinobst												
Aprikosen						X	H	H				
Süßkirschen						H	H					
Pfirsiche						X	X	H				
Pflaumen							H	H	H			
Nektarinen						X	X	H				
Beerenobst												
Brombeeren								H	H			
Erdbeeren					X	H	H					
Heidelbeeren						X	H	H	X			
Himbeeren						X	H	H	X			
Johannisbeeren, rot						X	H	H				
Johannisbeeren, schwarz						H	H					
Preiselbeeren						H	H	H				
Stachelbeeren						H	H	X				
Südfrüchte												
Ananas	X	X	X	X					X	X	X	X
Bananen	X	X	X	X	X	X	X	X	X	X	X	X
Grapefruit	X	X	X	X						X	X	X
Kiwis	X	X	X	X	X	X	X	X	X	X	X	X
Mandarinen	X	X	X							X	X	X
Orangen	X	X	X	X	X	X					X	X
Zitronen	X	X	X	X	X	X	X	X	X	X	X	X

X = größtes Marktangebot. H = Obst aus heimischem Anbau.

Eine normale Küchenausstattung hält meist alles bereit, um aus frischem Obst köstliche Einmachprodukte herzustellen.

Zubehör *zum* Einkochen

Wenn Sie nur geringe Mengen Obst auf einmal verarbeiten, haben Sie wahrscheinlich alle hierfür benötigten Geräte in Ihrem Haushalt vorrätig. Eine Ausnahme bildet die Geleezubereitung. Hier empfiehlt es sich, zum Entsaften der Früchte einen Dampfentsafter anzuschaffen. Sie können die Früchte aber auch kochen und, wie es zu Großmutters Zeiten durchaus üblich war, dann zum Entsaften durch ein Filtertuch seihen.

Hilfsmittel zum Vorbereiten

Bevor das Einkochen beginnt, müssen die Früchte vorbereitet werden. Dazu benötigen Sie:

- **Schüsseln** in verschiedenen Größen zum Waschen und Aufbewahren.
- **Messer, Schäler**. Zum Putzen, Schälen und Zerteilen der Früchte.
- **Fruchtentkerner** zum Auslösen von Kernen aus Stein- und Kernobst.
- **Zitruspresse** mit tiefer Saftauffangschale und kleinlöchrigem Sieb.
- **Reibe** zum Abreiben der Schale von unbehandelten Zitrusfrüchten.
- **Nussknacker** zum Auslösen von Aprikosenkernen.
- **Mixer** oder Pürierstab zum Zerkleinern der Früchte. Soll nur wenig Obst verarbeitet werden, kann es auch durch ein Passiersieb gedreht oder mit einem Kartoffelstampfer zerkleinert werden.
- **Siebe** als einfache Lochsiebe oder Passiersiebe, bei denen weiches Obst mit Hilfe einer Kurbel durchgedreht wird (»Flotte Lotte«).
- **Küchenwaage** zum genauen Abwiegen der Zutaten. Stimmt das Frucht-Zucker-Verhältnis nicht, gibt es Gelierprobleme.
- **Tücher** zum Entsaften: saubere Geschirrtücher, feine Mulltücher oder aus dünnem Baumwollstoff. Zum Aufhängen dient ein umgedrehter Küchenhocker, zwischen dessen Beinen das Tuch gespannt wird. Das gekochte Obst wird in das Tuch gefüllt, und der Saft läuft in eine darunter gestellte Schüssel ab. Die Saftausbeute ist mit dieser langsamen Methode nicht ganz so hoch wie mit einem Dampfentsafter, doch das Ergebnis ist einwandfrei.
- **Saftbeutel** zum Abfiltern von Saft. Windsackförmiger Beutel mit Halterung. Das Fruchtmus wird in den Beutel gefüllt, und der Saft tropft in ein darunter stehendes Gefäß.

Anstelle eines Mixers oder Pürierstabes können Sie Beerenfrüchte oder weich gekochtes Obst auch mit einem Kartoffelstampfer oder einer Gabel zermusen.

Bevor Sie sich neue Sachen anschaffen, sollten Sie zunächst überprüfen, ob Sie nicht alle erforderlichen Hilfsmittel in Ihrer Küche vorrätig haben. Oftmals lassen sich fehlende Teile durch Improvisation ersetzen.

Zum Einkochen

Alle Geräte und Hilfsmittel müssen aus lebensmittelbeständigem Material bestehen, etwa aus lebensmittelechtem Plastik, Glas oder Holz. Großmutters geliebter Kupferkessel sowie ein Aluminiumtopf oder Emailletopf, bei dem die Emaille teilweise abgesprungen ist, sind nicht geeignet. Durch die Fruchtsäure kommt es bei diesen Metallen zu chemischen Reaktionen, die den Saft verderben.

- **Kochtopf aus Edelstahl** mit einem Fassungsvermögen von vier bis fünf Litern. Er sollte so groß sein, dass das Obst sprudelnd gekocht werden kann, ohne dass die Fruchtmasse herausspritzt und der sich beim Kochen bildende Schaum überläuft.
- **Dampfkochtopf**. Die Anschaffung lohnt sich, wenn Sie wiederholt größere Mengen an Früchten zu Gelee oder Saft verarbeiten wollen.
- **Rührlöffel** aus Plastik eignen sich am besten. Holzlöffel nehmen schnell die Farbe der Früchte an und lassen sich schwerer reinigen.
- **Mullsäckchen, Abschäumsieb und Schöpfkelle**. Mit ihrer Hilfe können Gewürze mitgekocht und leicht wieder entfernt werden.
- **Zuckerthermometer**. Damit wird gemessen, ob das Fruchtmus die notwendige Hitze erreicht hat, um beim Abkühlen die gewünschte Festigkeit zu erhalten. Das Thermometer sollte einen Haken besitzen, damit es in den Topfrand gehängt werden kann. Es geht aber auch ohne Thermometer, indem Sie die Gelierfähigkeit der Marmelade mit Hilfe einer Gelierprobe überprüfen.
- **Küchenwecker**, um die angegebenen Kochzeiten einhalten zu können, da sonst das richtige Gelieren infrage gestellt wird.

Zubehör zum Abfüllen

- **Trichter**. Es empfiehlt sich, einen normalen Trichter für Saft und einen Trichter mit einer weiten unteren Öffnung zum Einfüllen von frisch gekochter Marmelade bereit zu halten. Vor allem bei kleinen Gläsern oder Gläsern mit enger Öffnung erleichtert ein Trichter das Einfüllen. Man kann sich einen Marmeladentrichter selbst herstellen, indem man von einem Plastiktrichter mit einem Messer mit Sägekante das Ende abschneidet.
- **Gläser** sind die gebräuchlichsten Aufbewahrungsbehälter. Sie müssen

hitzebeständig und intakt sein. Haben sie auch nur kleine Sprünge, werden sie beim Befüllen mit heißem Obstmus zerspringen. Zudem müssen die Gläser und die Deckel absolut sauber sein. Es gibt drei Arten:

- Twist-off-Gläser sind Gläser, die mit einer kurzen Drehung verschlossen werden. Sie eignen sich vor allem für zuckerreduzierte Fruchtaufstriche, da sie sich schnell und sicher verschließen lassen.
- Gläser mit Schraubverschluss lassen sich gut verschließen und halten absolut dicht. Sie haben allerdings den Nachteil, dass sie sich nur schwer öffnen lassen.
- Offene Gläser gibt es in jeder Form und Größe. Sie werden mit Hilfe von Cellophan, Wachs- oder Pergamentpapier verschlossen. Steinguttöpfe eignen sich wegen ihres Aussehens gut zum Verschenken. Sie werden ebenfalls mit Cellophan, Wachs- oder Pergamentpapier verschlossen.
- **Etiketten** erleichtern es, den Überblick zu behalten. Man kann sie selbst am Computer erstellen und auf fertige Etikettenvorlagen ausdrucken oder Vorlagen im Haushalts- oder Schreibwarengeschäft kaufen. Sinnvolle Angaben sind: Fruchtart(en), Herstellungsmethode (zuckerreduziert, Gelierzucker, mit Honig gesüßt etc.), andere Zutaten oder Gewürze und Herstellungsdatum. Wollen Sie Marmeladen & Co. im Rahmen einer Selbstvermarktung verkaufen, müssen Sie die Auflagen der lebensmittelrechtlichen Vorschriften streng beachten. Unterlagen hierüber erhalten Sie beim Gewerbeaufsichtsamt oder beim Gesundheitsamt des Kreises.
- **Cellophan, Wachs- oder Pergamentpapier**. Cellophan wird auch als Einmachhaut bezeichnet. Pergamentpapier wird zum besseren Abdichten in hochprozentigen Rum getaucht.
- **Wachs**. Mit Bienenwachs oder Paraffin können offene Gläser ebenfalls verschlossen werden.
- **Gummibänder** dienen zum festen Andrücken von Cellophan, Wachs- oder Pergamentpapier an den Rand.

Schon mit einer einfachen Grundausstattung lassen sich die köstlichsten Marmeladen zaubern.

Rumpapier auf Marmeladen & Co. in offenen Gefäßen verhindert das Eindringen von Keimen.

Obst alleine genügt nicht.

Zum Einkochen benötigt man auch Hilfen,

damit die Endprodukte lange haltbar sind.

Zutaten, *die* notwendig sind

Wenige Zutaten sind erforderlich, um aus Obst Marmelade & Co. herzustellen. Sie sorgen für Festigkeit, Konservierung und Lagerfähigkeit des fertigen Produktes.

Zucker

Zucker ist die klassische Einmachhilfe. In hoher Konzentration von mindestens 50 Prozent verhindert er das Wachstum von schädlichen Mikroorganismen und wirkt dadurch konservierend. Die Ware ist zwei und mehr Jahre haltbar. Zucker ist für das Gelieren der Früchte verantwortlich. Er sorgt dafür, dass ihre natürliche Farbe erhalten bleibt und die Vitamine nur langsam abgebaut werden. Zum Einkochen von Marmelade & Co. wird für 1 Kilogramm Früchte 1 Kilogramm Zucker benötigt, egal ob weißer oder brauner Zucker. Durch den hohen Zuckeranteil schmeckt die Marmelade allerdings sehr süß. Von Nachteil ist zudem, dass die Früchte-Zucker-Mischung lange, in der Regel 10 Minuten, gekocht werden muss, bevor die Fruchtmasse geliert. Dadurch werden wertvolle Vitamine teilweise zerstört.

Gelierzucker

Gelierzucker ist handelsüblicher Haushaltszucker, der mit Pektinen und Zitronensäure angereichert wurde. Durch die beiden Stoffe wird die Gelierfähigkeit des Zuckers erhöht. Die Einkochzeit wird erheblich verringert. Sie beträgt gewöhnlich nur noch 4 Minuten. Die Vitamine bleiben dadurch weitgehend geschont. Der Pektinanteil im Gelierzucker ist so bemessen, dass auch Früchte, die nur wenig Pektin enthalten, ordnungsgemäß gelieren. Das Frucht-Zucker-Verhältnis beträgt wie beim Haushaltszucker 1:1. Das bedeutet, dass auf 1 Kilogramm Früchte 1 Kilogramm Gelierzucker kommt.

Nahezu krisensicher

Bei Verwendung von Gelierzucker braucht der richtige Gelierzeitpunkt nicht unbedingt mit Hilfe einer Gelierprobe bestimmt zu werden. Er wird durch die vorgegebenen Einkochzeiten vom Hersteller festgelegt. Die Ware kann mindestens ein Jahr dunkel aufbewahrt werden. Bei zu langer Lagerung verliert das Produkt jedoch an Farbe und Aroma.

Gelierzucker wird von unterschiedlichen Firmen angeboten. Da die Zusammensetzung des Zuckers von Produkt zu Produkt variieren kann, sollten Sie zum Dosieren unbedingt auf die Herstellerhinweise auf den Verpackungen achten.

Zuckerreduzierter Gelierzucker

Beim Süßen mit Honig muss man bedenken, dass Honig einen ausgeprägten Eigengeschmack besitzt und nicht für jede Obstart geeignet ist.

Mit diesem speziellen Gelierzucker gekochte Erzeugnisse sind erheblich kalorienärmer. Den Gelierzucker gibt es für Frucht-Zucker-Verhältnisse von 2:1 beziehungsweise 3:1, d. h. auf zwei/drei Teile Früchte kommt ein Teil Gelierzucker. Das Verhältnis ist auf der Verpackung vermerkt und kann je nach Hersteller variieren, weshalb man die Angaben genau beachten muss. Die Einkochzeit beträgt nur noch 3 Minuten. Die Vitamine werden gegenüber dem Einkochen mit normalem Gelierzucker noch mehr geschont, gleichzeitig bleibt das arttypische Fruchtaroma aber erhalten. Durch den geringeren Zuckergehalt verliert das Produkt jedoch erheblich an Haltbarkeit. Um diesen Nachteil auszugleichen, werden dem Zucker unterschiedliche Konservierungsstoffe zugesetzt. Neben Zucker, Pektinen und Zitronensäure sind das etwa Sorbit und als Schaumhemmer verschiedene Arten von Glyzeriden und/oder gehärtetes pflanzliches Fett. Aufgrund der Zusätze handelt es sich bei so hergestellten Produkten nach der EU-Norm um Fruchtaufstriche.

Honig ist eine beliebte Abwechslung in selbst gemachten Marmeladen. Sie müssen dazu aber andere Geliermittel zufügen, damit die Marmelade fest wird.

Zuckeraustauschstoffe, Süßmittel

Für Diabetiker können Marmeladen & Co. auch mit Zuckeraustauschstoffen hergestellt werden. Die Austauschstoffe werden meist als Diät-Gelierfruchtzucker gekennzeichnet. Sie bestehen oft aus dem Süßstoff Sorbit und sind mit Pektin und Zitronensäure angereichert. Honig und Fruchtsirupe, etwa aus Äpfel oder Birnen, können auch zum Süßen verwendet werden. Damit die Ware gut geliert, muss ihr ausreichend Pektin und Zitronensäure zugesetzt werden. Die Haltbarkeit der Produkte beträgt jedoch nur wenige Wochen.

Gelierhilfe

Gelierhilfen verstärken und beschleunigen den natürlichen Geliervorgang. Sie können Früchten, die nur wenig Pektin enthalten und/oder mit reinem Zucker eingekocht werden, zugesetzt werden. Die verringerte Einkochzeit schont die Vitamine.
Das Angebot umfasst

- Gelierpulver, eine Mischung aus Pektinen, Zitronensäure und Traubenzucker.
- Flüssiges Geliermittel, ein Mittel, das nur aus Pektinen besteht.
- Agar-Agar, ein stark gelierendes Mittel, das aus Algen gewonnen wird.
- Johannisbrotmehl, welches in Apotheken und Reformhäusern unter einem Handelsnamen erhältlich ist.

Es sind jeweils die Anwendungshinweise der Hersteller auf den Verpackungen zu beachten.

Zitronensäure

Zitronensäure kann in Pulverform oder als frisch gepresster Saft verarbeitet werden. Sie erhöht die Gelierfähigkeit der Früchte und rundet den Geschmack des fertigen Produktes ab. Vor allem reifem und säurearmem Obst sollte Zitronensäure zugesetzt werden. Man kann sie in Beuteln zu 5 Gramm überall dort kaufen, wo auch Einmachzucker und Einmachhilfen angeboten werden. Den Säureanteil des Einkochguts kann man aber auch durch Zugabe von unreifen Früchten erhöhen.

Gewürze, Alkohol

Gewürze und Alkohol dienen zur geschmacklichen Verfeinerung von Marmelade & Co. Hier können Sie Ihrer Phantasie freien Lauf lassen und Ihre persönliche Geschmacksnote kreieren. Beachten sollten Sie jedoch, dass das Gewürz und/oder der Alkohol das Fruchtaroma nur unterstreichen und nicht überlagern sollte. Bei Verwendung von Alkohol sollten Sie daran denken, dass diese Einmachprodukte nicht für Kinder geeignet sind. Es empfiehlt sich, die Verwendung von Alkohol auf dem Etikett zu vermerken, damit Sie auch später noch wissen, welche Ihrer Marmeladen, Konfitüren, Gelees oder Fruchtaufstriche diesen Zusatz enthält.

Pektin können Sie selbst aus den Schalen und Kerngehäusen von Äpfeln herstellen. Diese dafür 30 Minuten kochen, abseihen und den Saft nochmals 10 Minuten kochen. Kühl gelagert beträgt die Haltbarkeit etwa eine Woche.

Die folgende detaillierte Anleitung gibt alle notwendigen Hinweise, um köstliche Marmelade & Co. leicht herzustellen.

Obst *richtig* einkochen

Unabhängig von der Obstart oder den Zutaten erfolgt das Einkochen von Marmelade und Konfitüre immer nach dem gleichen Prinzip. Auch Gelee, sieht man einmal davon ab, dass die Früchte zunächst entsaftet werden müssen, wird auf die gleiche Art eingekocht. Eine Ausnahme bilden nur roh zubereitete Fruchtaufstriche.
In diesem Kapitel werden die Grundlagen des Einkochens von Marmelade, Konfitüre und Gelee sowie die Zubereitung von roh gerührtem Fruchtaufstrich beschrieben, ergänzt mit praktischen Einkochtipps.

Vorbereiten der Früchte

Wie bei vielen anderen Lebensmitteln gilt auch hier: Nur aus einem hochwertigen Rohstoff kann ein gutes Produkt entstehen. Verwenden Sie deshalb nur einwandfreies und möglichst frisch geerntetes Obst. Beschaffen Sie sich nicht mehr Früchte, als Sie an einem Tag verwerten wollen. Wollen Sie Fallobst verarbeiten, dann müssen Sie Druckstellen großzügig entfernen. Schimmeliges oder angefaultes Obst sollten Sie wegwerfen. Die Schimmelbakterien sind gesundheitsgefährdend und können den ganzen Fruchtansatz verderben. Damit ist wirklich nicht zu spaßen!

Waschen

Vor dem Putzen oder Zerkleinern von Kern- oder Steinobst müssen die Früchte gewaschen werden. Beeren sollten nur abgespült werden, damit das Wasser nicht wertvolle Aromastoffe auslaugt. Himbeeren am besten gar nicht oder nur ganz kurz abspülen, sie verlieren beim Kontakt mit Wasser sehr schnell Saft.

Putzen und zerkleinern

Die gewaschenen Früchte gut abtropfen lassen, damit die Inhalts- und Aromastoffe nicht durch das Wasser »verwässert« werden. Die trockenen Früchte von Blättern, Stängeln und sonstigen Fremdstoffen befreien und je nach Verarbeitungsart zerkleinern. **Steinobst** wird entsteint. Die größeren Fruchtarten wie Aprikosen, Pfirsiche und Pflaumen schneidet man in Stücke. Mirabellen und Kirschen lässt man nach dem Entsteinen in der Regel ganz.

Beim Vorbereiten der Früchte sollte man sich Zeit nehmen, um schlechte Stellen zu entfernen. Sonst wäre es schade um die Arbeit, die man sich anschließend mit dem Obst macht.

Obst einkochen ist meist Saisonarbeit. Den Rest des Jahres kann man sich dann zu jedem Frühstück und beim Backen von Kuchen und Keksen über die fruchtigen Ergebnisse freuen.

Beim **Kernobst** wird gewöhnlich das Kerngehäuse entfernt und das Fruchtfleisch ebenfalls in Stücke geschnitten.

Beerenobst lässt man mit Ausnahme von Erdbeeren ganz. Erdbeeren kann man je nach Größe in mehrere Stücke zerteilen. Eine gute Aromaausbeute und Konsistenz erreicht man, wenn man einen Teil der Beeren zermust. Hierzu eignen sich je nach Menge eine Gabel, ein Stampfer, ein Mixer, ein Pürierstab oder ein Fleischwolf.

Einkochen mit Zucker/Gelierzucker

Beachten Sie genau die Mengenangaben, damit die Marmelade die gewünschte Festigkeit erreicht.

Lesen Sie sich die folgenden Anmerkungen sorgfältig durch, bevor Sie mit der Arbeit beginnen. So können Sie sicher sein, dass Ihnen Ihre erste Marmelade, Ihre erste Konfitüre oder Ihr erstes Gelee auf Anhieb gelingt.

Genau abmessen

Die gewaschenen, geputzten, ganzen oder in möglichst gleich große Stücke zerteilten Früchte in einen Kochtopf (keine Metalltöpfe außer Edelstahl) geben und mit Zucker oder Gelierzucker in der Dosierung je nach Herstellerangaben vermischen. Dazu die Mengen an Frucht und Zucker auf einer Küchenwaage ganz genau abwiegen! Stimmt das Mengenverhältnis nicht, besteht die Gefahr, dass die Marmelade, die Konfitüre, das Gelee beziehungsweise der Fruchtaufstrich nicht richtig geliert, also flüssig bleibt.

Mit Pektin anreichern

Pektinschwache Früchte (siehe Seite 10) können mit Pektin angereichert werden, indem Schalen, Kerne oder Steine von Früchten mit hohem Pektingehalt, zum Beispiel Äpfel, mitgekocht werden. Damit diese Teile nach dem Einkochen einfach entfernt werden können, sollte man sie in einen Stoffbeutel aus Mulltuch füllen. Arbeitet man mit Gelierzucker, ist eine Zugabe von Pektin nicht erforderlich, da dieser bereits mit Pektin angereichert ist.

Kleine Mengen

Kochen Sie nicht mehr als ein Kilogramm Obst auf einmal ein. Die Kochzeit ist dadurch geringer als bei größeren Mengen Obst, und die Vitamine bleiben weitgehend erhalten. Außerdem geliert das Fruchtmus in kleineren Mengen besser. Es lässt sich zudem schneller und heißer in Gläser abfüllen und die ganze Arbeit läuft erheblich stressfreier ab.

Großer Kochtopf

Nehmen Sie zum Kochen einen möglichst hohen Kochtopf mit einem großen Durchmesser. Füllen Sie den Topf höchstens bis zu einem Drittel mit dem Früchte-Zucker-Gemisch. Sie verhindern so ein Überkochen und Herausspritzen der heißen, klebrigen Fruchtmasse.

Saft ziehen

Die Früchte werden zumeist ohne Wasser gekocht. Sie können jedoch auch eingezuckert werden und zum Saftziehen einige Stunden an einen kühlen Ort gestellt werden. Gewöhnlich werden sie jedoch sofort nach der Vorbereitung gekocht. Da die Früchte mit keiner oder nur wenig Flüssigkeit (Saft) erhitzt werden, müssen sie während des Aufkochens ständig umgerührt werden, damit nichts am Topfboden anbrennt. Die Fruchtmasse soll zunächst kräftig aufkochen (blubbern). Erst dann lässt man sie je nach verwandter Zuckerart die vorgeschriebene Zeit sprudelnd kochen.

Wenn Sie nur kleine Mengen Marmelade kochen, können Sie später öfters ein Glas mit einer anderen Geschmacksrichtung aufmachen.

Kochzeiten einhalten

Bei Verwendung von normalem oder speziellem Gelierzucker müssen Sie sich genau an die vom Hersteller angegebenen Kochzeiten halten. Gewöhnlich liegen die Kochzeiten bei normalem Gelierzucker bei 4 Minuten und bei speziellem Gelierzucker bei 3 Minuten. Arbeiten Sie mit normalem Haushaltszucker, liegt die Kochzeit bei etwa 10 Minuten. Beim ersten kräftigen Aufblubbern der Fruchtmasse sollten Sie eine Küchenuhr auf die gewünschte Kochzeit einstellen. Während des Kochens müssen Sie ständig weiterrühren.

Beim Einkochen unbedingt beachten: Die Kochzeit beginnt erst dann, wenn das ganze Kochgut anfängt, sprudelnd zu kochen!

Zucker ist für den Gelierungs- und Konservierungsprozess wichtig. Je höher der Zuckeranteil in Marmelade & Co. ist, desto größer sind die Haltbarkeit und Lagerfähigkeit.

Nehmen Sie zum Rühren einen Löffel mit langem Stiel, und achten Sie darauf, dass die Fruchtspritzer nicht Ihre Haut treffen, denn sie sind sehr heiß.

Schaum abschöpfen

Vor allem bei längeren Kochzeiten bildet sich während des Kochens Schaum. Heben Sie diesen mit einem Schaumlöffel ab. Bei kleinen Mengen kann er auch untergerührt werden.

Gelierprobe

Am Ende der vorgeschriebenen Kochzeit sollten Sie mit Hilfe einer Gelierprobe feststellen, ob das Fruchtmus nach dem Abfüllen und Abkühlen die gewünschte Festigkeit erreicht. Wer sich unsicher ist, kann mehrere Gelierproben machen.

Mit Teller und Finger

Dafür zuvor eine Untertasse in den Kühlschrank stellen. Für die Gelierprobe den Topf von der Kochstelle nehmen und etwas Fruchtmus auf die kalte Untertasse tropfen lassen. Die Masse soll schnell erstarren und keinen wässrigen Hof bilden. Die Untertasse dann schräg halten; dabei sollte die Fruchtmasse nicht verlaufen. Sie können die Masse auch mit einem Finger oder einem Löffel zusammenschieben: Kräuselt sich die Oberfläche, ist der gewünschte Gelierungsgrad erreicht, und das Fruchtmus kann abgefüllt werden. Bleibt die Probe flüssig, was hauptsächlich beim Einkochen mit Haushaltszucker passieren kann, muss das Fruchtmus solange gekocht werden, bis es richtig geliert. Der richtige Zeitpunkt ist durch wiederholte Gelierproben zu bestimmen.

Mit Zuckerthermometer

Die Gelierfähigkeit kann auch mit einem Zuckerthermometer überprüft werden. Dazu das Thermometer zunächst in heißem Wasser anwärmen und anschließend in das kochende Fruchtmus stecken, wobei es den Boden des Kochtopfes nicht berühren darf. Zeigt es 105 °C an, hat das Fruchtmus oder das Gelee seine Gelierfähigkeit erreicht und kann abgefüllt werden.

Abfüllen in Gläser

Die Gläser und Deckel müssen in einem einwandfreien Zustand sein. Sehr praktisch sind Twist-off-Gläser (siehe Seite 17). Es gibt sie in verschiedenen Größen. Für Gelee eignen sich am besten kleine Gläser, denn darin geliert der Saft am schnellsten. Der Vorteil an kleinen Gläsern ist zudem, dass man die Möglichkeit hat, öfters je nach Lust und Laune eine neue Geschmacksrichtung auszuwählen oder mehrere Sorten am Tisch zu haben.
Bevor Sie also mit der Zubereitung von Obst beginnen, müssen Sie die Gläser und Deckel sorgfältig vorbereiten, denn anschließend muss alles sehr schnell gehen.

Reinigen und trocknen

Die Gläser und Deckel zuvor mit Spülmittel und heißem Wasser sorgfältig reinigen, sehr gründlich ausspülen und zum Trocknen auf ein Tuch stellen. Sie dürfen nicht abgetrocknet werden, damit sie nicht durch Stofffasern wieder verunreinigt werden. Anschließend werden die Gläser und Deckel sterilisiert.

Zum Sterilisieren können die Gläser auch 10 Minuten in Wasser gekocht werden und dann abgetropft werden.

Sterilisieren

Zum Sterilisieren ein sauberes Geschirrhandtuch auf einem Backblech ausbreiten und die Gläser und Deckel mit der Öffnung nach unten darauf stellen. Das Backblech auf die mittlere Schiene eines Backofens schieben und die Temperatur

des Backofens auf 100 °C (Umluft 80 °C, Gas Stufe 1) einstellen. Sobald die Temperatur erreicht ist, die Gläser und Deckel noch etwa 10 Minuten zum Sterilisieren im Backofen belassen.

Kochend heiß einfüllen

Die sterilisierten Gläser und Deckel aus dem Backofen nehmen und sofort mit dem Einfüllen des heißen Fruchtmuses beginnen. Dafür die Gläser auf ein feuchtes Tuch stellen, damit sie beim Befüllen nicht zerspringen. Man kann auch je einen Metalllöffel in die Gläser stellen. Bei modernen Gläsern kann man jedoch davon ausgehen, dass sie so stabil sind, dass das heiße Fruchtmus auch ohne diese Maßnahmen eingefüllt werden kann – doch sicher ist sicher. Um den Rand der Gläser nicht zu verunreinigen, sollten Sie zum Befüllen einen Marmeladentrichter verwenden. Die Gläser so voll wie möglich füllen, damit sich beim Verschließen zwischen Deckel und Fruchtmus wenig Luft befindet.

info

Sorgfältiges und hygienisch sauberes Arbeiten ist unerlässlich bei der Zubereitung von Marmelade & Co., damit die Ware über längere Zeiträume gelagert werden kann und dabei nicht verdirbt.

Sofern dem Gelee noch besondere Zutaten wie zum Beispiel Apfelstücke zugemischt worden sind, dreht man die Gläser beim Abkühlen erneut um, damit die festen Partikel sich besser verteilen.

Verschließen der Gläser

Vor dem Verschließen den Rand der Gläser kritisch prüfen und etwaige Fruchtspritzer sorgfältig abwischen. Verunreinigungen am Rand können zur Folge haben, dass Keime während der Lagerung in das Einmachgut wandern und dieses verderben. Außerdem können Fruchtspritzer dafür sorgen, dass die Deckel an den Gläsern kleben und man beim Aufmachen Schwierigkeiten hat. Nach dem Säubern der Glasränder dreht man die Schraubverschlüsse auf die Gläser. Zum Abkühlen stellt man die Gläser auf den Kopf, damit sich am Deckel ein Vakuum bildet. Die Gläser sollten mindestens 5 Minuten lang auf dem Kopf stehen, können aber auch länger so stehen bleiben.

Gläser ohne Deckel

Wenn man Gläser ohne Deckel befüllt, muss die Oberfläche fachgerecht abgedeckt sein, um das mögliche Eindringen von Keimen zu unterbinden. Dafür auf das Fruchtmus je ein Stück Pergamentpapier und Einmachfolie (Zellophanfolie) legen.

Das Pergamentpapier zuvor möglichst genau auf die Größe der Öffnung des Glases zurechtschneiden und in Rum tränken. Sofort nach Befüllen der Gläser das getränkte Papier auf das heiße Fruchtmus legen. Es erschwert den Befall der Marmelade durch schädliche Mikroorganismen. Anschließend das Glas mit Zellophanfolie verschließen. Dazu ebenfalls zuvor ein entsprechend großes Stück Folie abschneiden und auf einer Seite mit Wasser befeuchten. Die trockene Seite über die Öffnung des Glases legen und an den Seiten stramm ziehen. Mit einem Gummiband die Folie am Halsrand des Glases fest pressen. Durch das Abkühlen der Marmelade wird sich die Folie zusammenziehen und das Glas luftdicht verschließen.

Etikettieren

Damit Sie nicht den Überblick verlieren, sollten Sie die Gläser mit Angaben über Inhalt und Datum der Herstellung und Lagerdauer beschriften. Beim Verbrauch sollten Sie dann darauf achten, immer das ältere Ein-

Fruchtmus erhält seine Süße zum einen durch die Verarbeitung von sehr reifen Früchten und zum anderen durch die Reduzierung der Flüssigkeit in der Fruchtmasse. Richtig eingekochtes Fruchtmus ist lange haltbar.

Sehr hübsch sehen selbst gestaltete Etiketten aus – das macht Spaß und erfreut die Beschenkten.

Wird mit Haushaltszucker eingekocht, kann die Kochzeit durch Zugabe von Gelierhilfen reduziert werden. Hierbei sind die Angaben auf den Verpackungen zu beachten.

machgut zu verwenden. Wollen Sie die Marmelade, die Konfitüre oder das Gelee jedoch verkaufen, müssen die Gläser entsprechend den Bestimmungen über die Kennzeichnung von Lebensmitteln beschriftet werden (siehe auch Seite 17).

Lagern

Marmelade & Co. immer an einem kühlen, trockenen und dunklen Ort lagern. Feuchte Räume können bei Gläsern, die mit Folie verschlossen wurden, mit der Zeit zu Schimmelbefall führen. Die Lagerzeit beträgt bei Ware, die mit Zucker oder normalem Gelierzucker eingekocht wurde, mindestens ein Jahr. Wird spezieller Gelierzucker verwendet, liegt die Lagerzeit bei kühlen Bedingungen zwischen neun und zwölf Monaten. Wurde die Marmelade aus rohen Früchten zubereitet, also nicht eingekocht, ist sie nur einige Tage haltbar. Eingefroren hält sie sich etwa ein halbes Jahr.

Marmeladen mit Schuss sind besonders edel. Auf 500g Früchte kommt ein Teelöffel Likör.

Einkochen mit Gelierhilfen

Das Einkochen von Marmelade & Co. mit Gelierhilfen erfolgt im Prinzip wie beim Einkochen mit Zucker/Gelierzucker beschrieben. Zu beachten ist, dass die Gelierhilfen, etwa flüssiges Geliermittel oder biologische Bindemittel, erst am Ende der Kochzeit in das heiße Fruchtmus gerührt werden. Die festen Bindemittel zuvor entsprechend der Herstellerangaben mit kaltem Saft oder Wasser anrühren und in das heiße Fruchtmus rühren. Dann den Topfinhalt noch einmal kurz aufsprudeln lassen und eine Gelierprobe nehmen. Mit wenig Zucker eingekochte Produkte sind nur begrenzt haltbar.

Einkochen ohne Zucker

Der wohl bekannteste Aufstrich, der nach dieser Methode zubereitet wird, ist das Pflaumenmus. In Ungarn und anderen Staaten werden auch Aprikosen zu einem sehr wohlschmeckenden Mus verarbeitet.

Fruchtmus vorbereiten

Zum Einkochen von Fruchtmus sehr süße, voll ausgereifte oder überreife Früchte verwenden, sofern diese noch nicht angeschimmelt oder angefault sind. Dazu die Früchte entsprechend waschen, putzen und grob zerkleinern. Die Früchte einmal durch die grobe Scheibe des Fleischwolfs drehen oder in einem Mixer zerkleinern.

Fruchtmus eindicken

Die Fruchtmasse in einen Topf mit großem Durchmesser oder auf die saubere Fettpfanne des Backofens streichen. Je dünner die Schicht der Fruchtmasse im Topf oder in der Fettpfanne ist, desto schneller ist das Fruchtmus fertig und desto geringer ist der Energieverbrauch. Das Gut auf die mittlere Schiene in den Backofen stellen und die Flüssigkeit bei etwa 150 °C (Umluft 130 °C, Gas Stufe 1) langsam reduzieren lassen. Damit das Fruchtmus nicht ansetzt, von Zeit zu Zeit umrühren.

Fruchtmus würzen

Das so gewonnene Fruchtmus ist sehr aromatisch. Liebt man es etwas süßer, kann je nach Geschmack Zukker unter die Fruchtmasse gemischt werden. Pflaumenmus bekommt ein besonders pikantes Aroma, wenn man es mit Zimt oder Lebkuchengewürz verfeinert. Aprikosenmus können Sie auch mit Marillenlikör oder Marillenbrand aromatisch würzen.

Roh zubereiteter Fruchtaufstrich

Roh zubereiteter Fruchtaufstrich hat den Vorteil, dass er besonders reich an Vitaminen ist und das volle, arttypische Fruchtaroma enthält. Nachteilig ist, dass er sich nur wenige Tage hält. Es ist ein Aufstrich für den sofortigen Verzehr und sollte deshalb nur in kleinen Mengen zubereitet werden. Soll er etwas länger aufbewahrt werden, muss er eingefroren werden. Besser ist es jedoch, ihn jeweils frisch anzurühren. Damit der Fruchtaufstrich gelingt und das volle Aroma entfaltet, darf nur völlig ein-

Fruchtmus ist nicht nur als Brotaufstrich beliebt, sondern kann auch gut zum Backen oder als Beigabe zu Grießbrei verwendet werden.

wandfreies Obst verwendet werden. Die Zubereitung ist recht einfach. Je nach Fruchtart die Früchte entsprechend vorbereiten und im Mixer zermusen. Unter diese Fruchtmasse nach und nach den Gelierzucker rühren. So lange rühren, bis sich der Gelierzucker vollständig aufgelöst hat. Nach dem Einrühren des Gelierzuckers den Fruchtaufstrich etwa 5 Minuten ruhen lassen, damit die durchs Rühren eingearbeitete Luft entweichen kann. Anschließend portionsweise in Gläser füllen und dabei immer wieder festdrücken, damit die eingeschlossene Luft entweichen kann. Fruchtaufstriche sofort nach dem Abfüllen im Kühlschrank aufbewahren oder im Gefrierfach einfrieren.

Gelee kann auch aus im Handel erhältlichem Saft zubereitet werden. Wichtig ist, dass naturreiner, also nicht bereits gesüßter Saft verarbeitet wird. Naturreine Säfte gibt es in Reformhäusern und Bioläden zu kaufen.

Einkochen von Gelee

Gelee wird aus Fruchtsaft zubereitet. Sieht man einmal von der Saftgewinnung ab, läuft das Einkochen, Abfüllen und Lagern genau so ab, wie beim Einkochen mit Zucker beziehungsweise Gelierzucker bei der Marmeladen-Herstellung beschrieben (ab Seite 23). Einen optisch interessanten Effekt und einen pikanten Geschmack ergeben frische grüne Kräuter oder farbige Gewürzkörner im Gelee. Die Gewürze werden in der gewünschten Größe erst unmittelbar vor dem Abfüllen zum Gelee gegeben oder nach dem Abfüllen mit einer zuvor abgekochten Stricknadel im Gelee verteilt.

Die Saftgewinnung

Das Ausgangsmaterial »Fruchtsaft« können Sie auf verschiedene Weise gewinnen. Die Methoden, die im Folgenden beschrieben werden, eignen sich zum Entsaften von kleineren und bei der Verwendung von einem Dampfentsafter auch für mittlere Obstmengen. Haben Sie einen Obstgarten und wollen Sie öfter große Mengen Obst entsaften, sollten Sie sich eine Obstmühle und eine Obstpresse zulegen. Obstmühlen gibt es mit unterschiedlichem Fassungsvermögen, etwa für 6 oder 10 Kilogramm, und das Obst kann darin innerhalb von wenigen Minuten verarbeitet werden. Als Obstpresse eignet sich eine Pack-, Spindel- oder

Hydropresse. Einfacher ist es jedoch, wenn Sie das Obst von einer Lohnsafterei abpressen lassen. Die dadurch entstehenden Kosten werden meistens durch die höhere Saftausbeute und den geringeren eigenen Arbeitseinsatz ausgeglichen.

Saftausbeute

Als Anhaltswert können Sie etwa rechnen, dass Sie für 1 Liter Saft 1,5 bis 2 Kilogramm Obst brauchen. Die Ausbeute hängt stark vom Reifegrad der Früchte ab. Zu beachten ist, dass die Früchte nicht zur besseren Saftabgabe eingezuckert werden dürfen.

Dampfentsafter

Zum Dampfentsaften benötigen Sie einen speziellen Topf, den es in gut sortierten Haushaltswarengeschäften zu kaufen gibt. Der Dampfentsafter enthält einen Einsatz für das Obst, eine Wanne für das Wasser und ein Auffanggefäß mit einem Ablauf für den Saft. Zum Entsaften die Früchte waschen, putzen, je nach Größe etwas klein schneiden und in den Einsatz geben. Den Topf zum Teil mit Wasser füllen und den Einsatz hineinstellen. Den Deckel auflegen und die Hitzezufuhr einschalten. Der sich entwickelnde Wasserdampf zerreißt

Saft, der nicht durch Dampfentsaften gewonnen wird, enthält in der Regel viele Trübstoffe. Will man aus diesem Saft ein klares Gelee zubereiten, muss der Saft zunächst ein- bis zweimal durch ein Tuch gefiltert werden.

Kleine Mengen Saft lassen sich problemlos im eigenen Haushalt herstellen.

Wenn Sie zu Hause sowieso mit einem Dampfkochtopf arbeiten, können Sie damit auch Früchte entsaften. Das Verfahren ähnelt dem des Dampfentsaftens.

die Zellwände der Früchte, und der Saft kann austreten. Er fließt in einen Auffangbehälter und kann von dort aus nach außen abgelassen werden. Mit dem Dampfentsafter gewinnt man einen klaren Saft, den man sofort weiterverarbeiten kann. Allerdings lässt sich Kernobst überhaupt nicht und Steinobst nur bedingt dampfentsaften.

Mit dieser einfachen Konstruktion lässt sich leicht klarer Fruchtsaft gewinnen.

Schnellkochtopf

Der Schnellkochtopf zum Dampfentsaften sollte möglichst groß sein. Zum Entsaften die Früchte waschen, putzen und je nach Größe etwas klein schneiden. 3/4 Liter Wasser in den Topf gießen und den nicht gelochten Einsatz hinein stellen. Auf den nicht gelochten Einsatz den gelochten Einsatz platzieren. In den gelochten Einsatz das vorbereitete Obst legen. Den Deckel auf den Topf legen und die Hitzezufuhr einschalten. Sobald die zweite Markierung am Druckventil erscheint, beginnt das Entsaften. Die benötigte Zeit beträgt etwa 20 Minuten. Die Zeit sollten Sie mit einer Küchenuhr kontrollieren.

Fleischwolf

Sie können das Obst auch mit einem handelsüblichen Fleischwolf entsaften. Sie benötigen dafür einen Pressaufsatz, der als Zusatzgerät erhältlich ist. Dafür die Früchte waschen, putzen, entkernen oder entsteinen und in den Fleischwolf geben. Durch Drehen der Kurbel werden die Früchte gemahlen und anschließend ausgepresst. Der Saft enthält verhältnismäßig viele Trübstoffe. Will man aus diesem Saft klares Gelee zubereiten, muss der Saft vor dem Einkochen durch ein Tuch filtriert werden.

Frostentsaften

Beeren können auch in Portionen zu 1 Kilogramm eingefroren werden und bilden dann beim Auftauen Saft. Dafür vor dem Auftauen kleine Löcher in den Beutel stechen und den Beutel über einen Topf hängen oder in ein Sieb legen. Beim Auftauen zerreißen die Eiskristalle, die sich beim Einfrieren gebildet haben, die Zellenwände, und der Saft tropft in den Topf. Die Früchte entsaften sich quasi selbst und brauchen nach dem Auftauen nur noch von Hand oder mit einer Presse nachgepresst zu werden. Für Früchte mit hohem Pektinanteil eignet sich diese Methode jedoch nicht.

Haushaltsentsafter

Es gibt von Hand betriebene oder elektrisch angetriebene Entsafter, die nach dem Zentrifugalprinzip arbeiten. Diese Methode ist sehr schonend, denn da die Früchte kalt entsaftet werden, bleiben die Vitamine erhalten. Nachteilig ist, dass in dem Saft sehr viele Trübstoffe enthalten sind und der Saft vor der Weiterverarbeitung geklärt werden sollte.

Obst kochen

Diese Methode wendeten schon unsere Großmütter für das Entsaften von kleinen Mengen Obst an. Sie hat jedoch den Nachteil, dass sie zeitaufwändig ist. Dafür das Obst waschen, putzen und nach Bedarf zerkleinern. In einen Kochtopf geben und weich kochen, anschließend noch etwa 10 Minuten ziehen lassen. Das gekochte Obst dann zum Entsaften in ein Mull- oder anderes Filtertuch geben. Das Mulltuch kann über einen großen Topf oder noch besser an den Beinen eines umgedrehten Küchenhockers befestigt werden. Unter das Mulltuch wird im letzteren Fall ein Auffanggefäß gestellt.

info

Um klaren Saft zur Weiterverarbeitung zu gewinnen, muss das gekochte Obst durch ein Tuch gefiltert werden. Zurück bleiben die Trübstoffe und die ausgelaugte Fruchtmasse.

Saft filtern

Bis auf dampfentsaftete Früchte enthält jeder Fruchtsaft mehr oder weniger Trübstoffe (Fruchtfleisch). Diese Stoffe sorgen beim Einkochen des Gelees für unerwünschte Schaumbildung und lassen das fertige Gelee trüb werden. Um diese Schaumbildung zu vermeiden, muss der Saft vor der Weiterverarbeitung filtriert werden. Als Filter eignen sich Trichterfilter mit Perlonnetz, Saftbeutel oder engmaschige saubere Tücher (siehe Seite 15), die man über eine nicht metallische Auffangschüssel hängen muss. Wie schon seit alters her, kann

Filtern ist in der Regel eine langwierige Arbeit, deshalb sollten Sie dafür ausreichend Zeit einplanen. Je nach Saftmenge kann sie mehrere Stunden in Anspruch nehmen.

Selbst zubereitetes Gelee mit passenden Gewürzen und Kräutern ist ein schönes Geschenk. Wenn Sie dazu noch ein attraktives Glas und ansprechende Etiketten verwenden, wird Ihre Idee großen Anklang finden.

man das Tuch dazu an den Beinen eines umgedrehten Stuhls mit Bindfaden festbinden oder an einem stabilen Kleiderbügel befestigen. Damit auch ja keine Trübstoffe in den Saft gelangen, darf man das Obst nicht durchdrücken, pressen oder im Tuch auswringen. Beachten Sie, dass es zuweilen 8 bis 12 Stunden dauert, bis der Saft ganz abgetropft ist.

Besonderheiten bei der Zubereitung von Gelees

Die allgemeinen Hinweise zur Verarbeitung von Obst zu Marmelade und Konfitüre treffen auch auf die Herstellung von Gelee zu. Allerdings erfordert das flüssige Gut besondere Aufmerksamkeit. Dafür den Saft mit Hilfe von Zucker, normalem Gelierzucker, speziellem Gelierzucker, Pektinen oder Geliermittel entsprechend der Angaben der Hersteller kochen. Immer nur kleine Mengen Saft, etwa 3/4 Liter, auf einmal einkochen, denn kleine Mengen gelieren besser. Das heiße Gelee deshalb auch nur in kleine Gläser abfüllen. Vor dem Abfüllen eine Gelierprobe nehmen. Nach dem Abfüllen und Verschließen die Gläser auf den Kopf stellen. Wurden Gewürze oder Kräuter zugefügt, die Gläser

Was tun, wenn das Endprodukt anders als gewollt ist?

Problem	Lösung
flüssige Konsistenz	erneut aufkochen
fader Geschmack	mit mehr Zucker und/oder Zitronensaft aufkochen
Schimmelbildung	gesamten Glasinhalt wegwerfen
trübes Gelee	ist geschmacklich einwandfrei, sieht nur weniger schön aus.

Fazit: Sorgfältiger arbeiten. Faules Obst aussortieren, Zucker in richtigen Mengen zugeben, Kochzeiten einhalten, Gläser besser reinigen.

zur besseren Verteilung der Gewürze oder Kräuter nach etwa 3 Minuten nochmals wenden. Geschieht das nicht, sammeln sich die Kräuter oder Gewürze zu einer unschönen Schicht am Boden. Nach dem erneuten Wenden die Gläser abkühlen und ruhen lassen, bis das Gelee vollständig steif geworden ist, denn jede Bewegung stört den Gelierungsprozess.

Fehlerbehebung

- Sollte die Marmelade, die Konfitüre oder das Gelee nicht fest geworden sein, oder ist ein Glas nach dem Verschließen wieder aufgegangen, muss man das Einmachgut nicht wegkippen. Mit ein paar Handgriffen lassen sich die meisten Ursachen beheben. Füllen Sie das flüssige Produkt in einen Topf. Geben Sie, falls die Zubereitung zu fade schmeckt, Zucker und Zitronensäure hinzu, und kochen Sie alles so lange auf, bis Ihnen die Gelierprobe anzeigt, dass die nötige Festigkeit erreicht ist. Parallel dazu reinigen Sie die Gläser und sterilisieren sie wie auf Seite 27 beschrieben. Das fertige Fruchtmus wieder in Gläser abfüllen.
- Nach dem gleichen Verfahren können Sie auch Marmelade, die schon länger gelagert hat, wieder herstellen. Handelt es sich dabei jedoch um Produkte, die mit reduziertem Zucker angesetzt wurden, und befindet sich auf diesen eine Schimmelschicht, müssen Sie die Marmelade allerdings vernichten. Da bei dieser Marmelade die konservierende Wirkung des Zuckers zum Teil fehlt, kann sich der giftige Schimmelpilz bereits unsichtbar über die ganze Ware verbreitet haben.
- Wenn Gelee trüb wird, kann das mehrere Ursachen haben. Entweder waren die Früchte nicht ganz in Ordnung und wiesen Faulstellen auf, oder die Fruchtmasse wurde während des Abtropfens gepresst oder gewrungen. Es kann auch daran liegen, dass die Filtertücher oder der Saftbeutel nicht sauber waren. Deshalb sollten Sie beim nächsten Mal wirklich darauf achten, dass alle Hilfsmittel zuvor abgekocht werden. Trübes Gelee kann man ohne weiteres essen, es sieht nur nicht so schön aus.

Marmelade, die mit einer Schimmelschicht überzogen ist, sollte nicht mehr verwendet werden.

Einmal quer durch den Obstgarten und

wieder zurück – diese Sammlung gibt

genug Ideen, um selbst aktiv zu werden.

Rezepte *von* Ananas *bis* Zwetschge

Bei der Verarbeitung von normalem oder speziellem Gelierzucker oder anderen Geliermitteln müssen Sie die Herstellerangaben auf den Verpackungen beachten. Das Früchte-Gelierzucker-Verhältnis und die Einkochzeiten können von Hersteller zu Hersteller variieren.
Die in den folgenden Rezepten beschriebenen Gelierzuckermengen und Einkochzeiten beziehen sich auf ein Handelsprodukt, bei denen auf 1 Kilogramm Fruchtmasse 500 Gramm eines speziellen Gelierzuckers verarbeitet wird. Bei einem ähnlichen Produkt kommen dagegen auf 1 1/4 Kilogramm Fruchtmasse 500 Gramm Gelierzucker.
Die nach den Rezepten verlangte Fruchtmenge muss mit einer Küchenwaage genau abgewogen werden. Sinnvoll ist es, zunächst den Behälter, in dem die rohen oder zubereiteten Früchte gewogen werden sollen, leer zu wiegen. Anschließend werden die Früchte in den Behälter gefüllt und beides nochmals gewogen. Das Gewicht der Früchte ergibt sich dann aus dem Gesamtgewicht (Früchte plus Gefäß) minus dem Gewicht des leeren Gefäßes.

Ananas

Ananasfrüchte gehören neben Orangen und Bananen zu den beliebtesten Südfrüchten. Vor allem als Konservenprodukt sind sie wegen ihres aromatischen, intensiv süßen und leicht säuerlichen Geschmacks beliebt. Von den über hundert Sorten, die über die ganzen Tropen verteilt wachsen, sind für den Handel vor allem die Sorten der Cayenne- und Queen-Gruppe von Bedeutung. Im Handel werden meist frische Früchte der Sorten Ripley Queen und Fairy Queen angeboten. Die Früchte besitzen eine goldgelbe, stark strukturierte Schale und ein ausgeprägt gelbes Fruchtfleisch. Da das Fruchtfleisch nicht sehr saftig ist, sind diese Früchte länger lagerfähig. Die bei uns angebotenen Früchte werden grün gepflückt und reifen während des Transportes und der Lagerung nach. Ein ausreichendes Nachreifen ist für einen ausgewogenen Geschmack wichtig, da unausgereifte Früchte eine durchdringende, die Harmonie störende Säure besitzen. Die richtige Reife der Ananas erkennt man sowohl an dem intensiven aromatischen Duft

Bei der Verwendung von speziellem Gelierzucker empfiehlt es sich, die vom Hersteller empfohlene Nettofruchtmenge pro Verpackungseinheit, in der Regel 500 Gramm, zu verarbeiten. So vermeiden Sie, Gelierzuckerreste übrig zu behalten.

als auch daran, dass sich die Blätter leicht herausziehen lassen.
Da die ausgereifte frische Ananas wenig Pektin und Fruchtsäure besitzt, müssen bei der Verarbeitung zu Marmelade & Co. Gelierhilfe und Zitronensäure zugefügt werden. Auch Dosenware kann verarbeitet werden, doch sie sollte ohne Zucker (im eigenen Saft) abgefüllt worden sein, damit das Endprodukt nicht zu süß wird.

Gelierzucker enthält neben Zucker natürliches Apfelpektin und reine Zitronensäure. Durch diese zusätzlichen Gelierstoffe sind die Einkochzeiten erheblich kürzer als bei Haushaltszucker. Zitronensaft kann dazugegeben werden, ist aber nicht erforderlich.

Ananas-Marmelade

1 bis 1,5 kg reife Ananas / Spezial-Gelierzucker im Verhältnis 2:1 (auf 1 kg Fruchtmasse kommen 500 g Spezial-Gelierzucker)

1 Von der Ananas die Blattkrone abbrechen und die Ansätze oben und unten abschneiden. Die Schale nicht zu dünn abschneiden, um die Augen möglichst mit zu entfernen, die Reste der Augen ausstechen. Die Frucht längs spalten und den holzigen Strunk entfernen. 2 Das Fruchtfleisch klein schneiden, abwiegen und in einen Topf geben. 3 Spezial-Gelierzucker abwiegen und untermischen. 4 Die Fruchtmasse unter Rühren aufkochen und, ab diesem Zeitpunkt gemessen, 3 Minuten sprudelnd kochen lassen. 5 Gelierprobe nehmen. 6 Die Marmelade falls erforderlich abschäumen und heiß in Twist-off-Gläser randvoll abfüllen. 7 Die Gläser sofort verschließen, auf die Deckel stellen und ruhen lassen.

Ananas-Kiwi-Konfitüre

1 reife Ananas / 4 Kiwis / 2 Zitronen / Gelierzucker im Verhältnis 1:1 (auf 1 kg Fruchtmasse kommt 1 kg Gelierzucker)

1 Von der Ananas die Blattkrone abbrechen und die Ansätze oben und unten abschneiden. Die Schale nicht zu dünn abschneiden, um die Augen möglichst mit zu entfernen, die Reste der Augen ausstechen. Die Frucht längs in sechs Teile spalten und den holzigen Strunk entfernen. 2 Das Fruchtfleisch klein schneiden, wiegen und in einen Topf geben. 3 Die Kiwis schälen, vierteln, Stielansätze und weiße Strünke entfernen, das Fruchtfleisch klein würfeln und zur Ananas geben. 4 Die Zitronen ausdrücken

und den Saft über die Fruchtstücke gießen. 5 Die Fruchtstücke wiegen. Die gleiche Menge an Gelierzucker mit der Fruchtmasse vermischen. 6 Die Fruchtmasse unter Rühren aufkochen und, ab diesem Zeitpunkt gemessen, 4 Minuten sprudelnd kochen lassen. 7 Eine Gelierprobe nehmen. 8 Die Konfitüre falls erforderlich abschäumen und heiß in Twist-off-Gläser randvoll abfüllen. 9 Die Gläser sofort verschließen, auf die Deckel stellen und ruhen lassen.

Ananas-Mango-Konfitüre

1 reife Ananas / 3 Mangos / 2 Zitronen / Gelierzucker im Verhältnis 1:1 (auf 1 kg Fruchtmasse kommt 1 kg Gelierzucker)

1 Die Blattkrone der Ananas abbrechen,die Ansätze oben und unten abschneiden. Die Schale nicht zu dünn abschneiden, um die Augen möglichst mit zu entfernen. Die Frucht längs in sechs Teile spalten und den holzigen Strunk entfernen. 2 Das Fruchtfleisch in kleine Stücke teilen, in einem Mixer zerkleinern und in einen Topf füllen. 3 Die Mangos waschen, der Länge nach eng entlang des in der Mitte der

Reif ist eine Ananas dann, wenn sie angenehm duftet und auf leichtes Klopfen mit der Handfläche dumpf klingt.

Frucht liegenden Steins in drei Stücke schneiden. 4 Das Fruchtfleisch mit einem Esslöffel aus der Schale lösen und jenes am Stein mit einem Messer abstreifen. Das Fruchtfleisch in kleine Stücke schneiden und zum Ananasmus geben. 5 Die Zitronen ausdrücken und den Saft darüber gießen. 6 Die Fruchtmasse wiegen. 7 Die gleiche Menge an Gelierzucker mit der Fruchtmasse vermischen. 8 Die Fruchtmasse unter ständigem Rühren aufkochen und, ab diesem Zeitpunkt gemessen, 4 Minuten sprudelnd kochen lassen. 9 Eine Gelierprobe nehmen. 10 Die Konfitüre falls erforderlich abschäumen und heiß in Twist-off-Gläser randvoll abfüllen. 11 Die Gläser sofort verschließen, auf die Deckel stellen und ruhen lassen, bis sie ausgekühlt sind.

Zitronensaft unterstützt nicht nur das Gelieren, er rundet auch den Geschmack aller säurearmen Früchte ab.

Zubereitungen mit Ananas erfreuen sich immer größerer Beliebtheit, da sie Abwechslung in das Repertoire bringen.

Ananas-Erdbeer-Kiwi-Marmelade

1 reife Ananas / 350 g Erdbeeren / 3 Kiwis / 2 Zitronen / Gelierzucker im Verhältnis 1:1 (auf 1 kg Fruchtmasse kommt 1 kg Gelierzucker)

1 Von der Ananas die Blattkrone abbrechen und die Ansätze oben und unten abschneiden. Die Schale nicht zu dünn abschneiden, um die Augen möglichst mit zu entfernen, die Reste der Augen ausstechen. 2 Die Frucht längs in sechs Teile spalten und den holzigen Strunk entfernen. 3 Das Fruchtfleisch in kleine Stücke teilen und in einen Topf geben. 4 Die Erdbeeren waschen, putzen, halbieren und zu den Ananasstücken geben. 5 Die Kiwis schälen, Stielansätze und weiße Strünke entfernen, das Fruchtfleisch klein schneiden und zufügen. 6 Die Zitronen ausdrücken und den Saft über die Fruchtstücke gießen. 7 Die Fruchtmischung in einem Mixer grob zermusen. 8 Das Fruchtmus wiegen und zurück in den Topf füllen. 9 Die gleiche Menge an Gelierzucker mit dem Fruchtmus vermischen. 10 Alles unter ständigem Rühren aufkochen und, ab diesem Zeitpunkt gemessen, 4 Minuten sprudelnd kochen lassen. 11 Gelierprobe nehmen. 12 Die Marmelade falls erforderlich abschäumen und heiß in Twist-off-Gläser randvoll abfüllen. 13 Die Gläser sofort verschließen, auf die Deckel stellen und ruhen lassen.

Ananas-Fruchtaufstrich mit Papaya und Birnen

200 g frische Ananas / 150 g Papaya 150 g Birnen / 1 Zitrone / 100 g Zucker / 1 Packung Gelin (200 g)

1 Das Fruchtfleisch von Ananas, Papaya und Birnen in kleine Stücke schneiden und in einer Schüssel miteinander vermischen. 2 Von der Fruchtmischung 100 Gramm abwiegen und in einem Mixer zermusen. Das Fruchtmus unter das restliche Fruchtfleisch mischen. 3 Die Zitrone auspressen. 4 Die Fruchtmischung mit Zucker, Zitronensaft und Gelin verrühren, bis eine einheitliche Gelierung sichtbar wird. 5 Die Mischung kalt in kleine Twist-off-Gläser abfüllen. Da der Aufstrich kalt zubereitet wird, ist er nur 3 bis 4 Tage im Kühlschrank haltbar.

Äpfel

Äpfel sind nach Zitrusfrüchten und Bananen die am meisten angebaute Fruchtart. Weltweit gibt es über 1000 verschiedene Sorten. In Europa sind es etwa 30 Sorten, die für den Handel Bedeutung haben. Beliebte Sorten sind unter anderem Golden Delicious, Cox Orange, Jonagold, James Grieve, Granny Smith, Ingrid Marie, Boskoop und Elstar. Ihre geschmacklichen Eigenschaften lassen sich hier im Einzelnen nicht aufführen. Aufgrund neuer Lagertechniken und Importen aus allen Teilen der Welt können Äpfel das ganze Jahr über gekauft werden. Für Marmelade und Gelee eignen sich auch die Gartensorten, die wegen ihres Aussehens oder ihrer Größe nicht in den Handel kommen. Insbesondere die noch nicht voll ausgereiften Äpfel sind wegen ihres hohen Pektingehaltes dazu gut geeignet. Äpfel lassen sich zusammen mit anderen Früchten wie Bananen, Birnen, Quitten, Brombeeren, Himbeeren und Orangen zu schmackhaften Marmeladen, Konfitüren, Gelees und Fruchtaufstrichen verarbeiten.

Apfel-Birnen-Konfitüre

600 g säuerliche Äpfel / 400 g Birnen / 1 Zitrone, falls die Äpfel nicht sehr säuerlich sind / 1 kg Gelierzucker

1 Äpfel und Birnen waschen, vierteln, Kerngehäuse entfernen, das Fruchtfleisch klein schneiden. **2** Etwa die Hälfte der Fruchtstücke in einem Mixer oder mit einem Stampfer zerkleinern und in einen Topf füllen. **3** Restliche Fruchtstücke untermischen. **4** Den Gelierzucker unterheben. **5** Unter Rühren aufkochen und, ab diesem Zeitpunkt gemessen, 4 Minuten sprudelnd kochen lassen. **6** Gelierprobe nehmen. **7** Die Konfitüre abschäumen und heiß in Twist-off-Gläser randvoll abfüllen. **8** Die Gläser sofort verschließen, auf die Deckel stellen und ruhen lassen.

Äpfel und Birnen sind immer eine gute Kombination, auch beim Einmachen zu Marmelade & Co. Um den Geschmack zu intensivieren, können Sie Zitronensaft zufügen.

Verwenden Sie nur ungespritzte Äpfel, und entfernen Sie braune Stellen großzügig.

Die oft verschmähten kleinen, säuerlichen Kochäpfel eignen sich wegen ihres hohen Pektingehaltes gut zum Mischen mit Früchten, die nur wenig Pektin und Säure besitzen.

Apfel-Holunderbeer-Marmelade

600 g möglichst säuerliche Äpfel / 2 unbehandelte Zitronen / 400 g abgestreifte Holunderbeeren (Fliederbeeren) / 1/2 Stange Zimt / 1 Tasse Wasser / 1 kg Gelierzucker

1 Die Äpfel waschen und in Viertel schneiden. 2 Die Zitronen waschen. Eine Frucht so dünn schälen, dass die weiße Haut nicht mit abgeschält wird. 3 Apfelstücke, Zitronenschale, Holunderbeeren, Zimtstange und Wasser aufkochen und bei schwacher Hitze unter Rühren kochen lassen, bis die Äpfel zerfallen. 4 Den Brei durch ein Sieb passieren. 5 Beide Zitronen ausdrücken und den Saft zugießen. 6 Den Gelierzucker untermischen und so lange rühren, bis er sich nahezu aufgelöst hat. 7 Das Fruchtmus unter ständigem Rühren aufkochen und 4 Minuten sprudelnd kochen lassen. 8 Gelierprobe nehmen. 9 Die Marmelade falls nötig abschäumen und heiß in Twist-off-Gläser randvoll abfüllen. 10 Gläser sofort verschließen, auf die Deckel stellen und ruhen lassen, bis sie fest geworden ist.

Zu dieser lustig aussehenden Kombination passen ebenso gut eingeweichte, getrocknete Feigen.

Apfel-Ingwer-Konfitüre mit Calvadosrosinen

150 g Rosinen / 100 ml Calvados / 1 kg säuerliche Äpfel / 1 Zitrone / Spezial-Gelierzucker im Verhältnis 2:1 (1 kg Fruchtmasse auf 500 g Spezial-Gelierzucker) / ca. 2 cm frische Ingwerknolle

Rosinen waschen, abtropfen lassen und in ein verschließbares Glas füllen. 1 Mit Calvados übergießen, das Glas verschließen und die Rosinen über Nacht ziehen lassen. 2 Am nächsten Tag die Äpfel waschen, schälen, vierteln, Kerngehäuse entfernen und das Fruchtfleisch sehr klein schneiden. 3 Die Rosinen zu den Apfelstücken geben, zusammen wiegen und in einen Topf geben. 4 Die Zitrone ausdrücken und den Saft darüber gießen. 5 Gelierzucker abwiegen und unter die Fruchtmasse mischen. 6 Ingwer schälen, grob stückeln, in einen Mulltuchbeutel binden und in den Topf hängen. 7 Alles unter ständigem Rühren aufkochen und, ab diesem Zeitpunkt gemessen, 3 Minuten sprudelnd kochen lassen. 8 Gelierprobe nehmen. 9 Gewürzbeutel entfernen. 10 Die Konfitüre falls nötig abschäumen und heiß in Twist-off-Gläser randvoll abfüllen. 11 Gläser sofort verschließen, auf die Deckel stellen und ruhen lassen.

Wer es etwas kräftiger mag, kann die Rosinen auch in mehr Calvados einweichen. Anstelle von Calvados eignet sich auch ein Obstbrand oder weißer Rum. Diese Konfitüre ist jedoch nicht für Kinder geeignet.

Apfelgelee

1 1/2 kg säuerliche Äpfel / 500 g noch unreife Äpfel / 1 Tasse Wasser / Zucker im Verhältnis 1:1 (auf 3/4 l Saft kommen 750 Gramm Zucker)

1 Die Äpfel waschen und vierteln. 2 Die Apfelviertel mit Kerngehäuse und etwas Wasser aufkochen und so lange kochen, bis das Fruchtfleisch der Äpfel zerfällt. 3 Die zerkochten Äpfel durch ein Mulltuch entsaften. 4 Den Saft in einem Messbecher abmessen und in einen Topf füllen. 5 Die gleiche Menge an Zucker abwiegen und mit dem Saft vermischen. 6 Die Mischung aufkochen und unter ständigem Rühren etwa 10 Minuten kochen lassen. 7 Eine Gelierprobe nehmen. 8 Das Gelee falls erforderlich abschäumen und heiß in kleine Twist-off-Gläser randvoll abfüllen. 9 Die Gläser sofort verschließen und auf die Deckel stellen. 10 Nach 5 Minuten drehen und bis zum völligen Gelieren nicht mehr bewegen.

Apfelgelee für Eilige

1 Zitrone / 1 l naturreiner Apfelsaft aus dem Reformhaus / 1 kg Gelierzucker

Luftdicht verschlossen, kühl, dunkel, trocken und bei Zimmertemperatur aufbewahrt, behält Zimt sein Aroma am besten.

1 Die Zitrone zu Saft auspressen. **2** Den Apfelsaft zusammen mit dem Zitronensaft und dem Gelierzucker in einem entsprechend großen Topf vermischen. **3** Den Saft unter ständigem Rühren zum Kochen bringen und, ab diesem Zeitpunkt gemessen, 4 Minuten sprudelnd kochen lassen. **4** Eine oder nach Bedarf mehrere Gelierproben nehmen, um den genauen Gelierzeitpunkt feststellen zu können. **5** Das Gelee falls erforderlich abschäumen, heiß in kleine Twist-off-Gläser randvoll abfüllen und die Glasränder mit einem feuchten Tuch sauber abwischen. **6** Die Gläser sofort verschließen, auf die Deckel stellen und ruhen lassen. **7** Nach etwa 5 Minuten die Gläser umdrehen und nicht mehr bewegen, bis das Gelee vollständig erstarrt ist.

Apfelgelee ist ein Klassiker unter den Gelees. Mit ihm kann man immer Freude machen, zum Beispiel beim Verschenken.

Apfelgelee mit Zimt

2 kg säuerliche Äpfel / 1 unbehandelte Zitrone / 2 Stangen Zimt / 1 Tasse Wasser / Gelierzucker im Verhältnis 1:1 (auf 1 l Saft kommt 1 kg Gelierzucker)

1 Die Äpfel waschen, vierteln und mit den Kerngehäusen in einen Topf geben. **2** Die Zitrone waschen, drei Streifen Schale dünn, ohne weiße Haut, abschälen und die Frucht auspressen. **3** Zitronenschale, Zitronensaft, Zimtstangen und Wasser zu den Äpfeln geben. **4** Aufkochen und so lange kochen, bis die Apfelstücke zerfallen. **5** Die Masse in einem Tuch entsaften. **6** Den Saft vorsichtig, der Bodenbelag soll nicht aufgewirbelt werden, in einem Messbecher abmessen und in einen Topf füllen. **7** Die gleiche Menge an Gelierzucker unter den Saft mischen. **8** Die Mischung unter ständigem Rühren aufkochen und, ab diesem Zeitpunkt gemessen, 4 Minuten sprudelnd kochen lassen. **9** Gelierprobe nehmen. **10** Das Gelee falls erforderlich abschäumen und ganz heiß in kleine Twist-off-Gläser randvoll abfüllen. **11** Die Gläser sofort verschließen, auf die Deckel stellen.

Nach 5 Minuten umdrehen und ruhen lassen, bis das Gelee vollständig erstarrt ist.

Würziges Apfelmus

1 kg säuerliche Äpfel / 1 Tasse Wasser / 300 ml Apfelessig / 200 g Zucker / 1 EL Honig / je 1 Messerspitze Nelkenpulver, Salz, Zimt

1 Äpfel waschen, vierteln und mit Wasser weich kochen. 2 Die Masse durch ein Passiersieb streichen.
3 Den Apfelbrei in einen weiten Topf oder in eine Fettpfanne füllen und die anderen Zutaten untermischen.
4 Den Backofen auf etwa 150 °C (Umluft 130 °C, Gas Stufe 1) erwärmen. 5 Den Brei darin unter gelegentlichem Rühren so lange einkochen lassen, bis er streichfähig geworden ist. 6 Das Mus portionsweise in Twist-off-Gläser randvoll einfüllen, dabei immer wieder mit dem Löffel herunterdrücken, damit sich keine Luftpolster bilden. 7 Die Gläser erneut in den Backofen stellen, damit die restliche Luft entweichen kann. 8 Wenn sich eine Haut bildet, die Gläser heraus nehmen, sofort verschließen, auf die Deckel stellen und ruhen lassen.

Aprikosen

Aprikosen oder Marillen, wie sie in Österreich genannt werden, stammen ursprünglich aus China. Sie lieben warmes Klima. Heute werden sie vor allem im Alpen- und Mittelmeerraum, in der Türkei und in den USA angebaut. In Deutschland wachsen die empfindlichen Pflanzen nur in den wärmeren süddeutschen Weinanbaugebieten und am Rhein. Die Frucht ist etwa pflaumengroß und hat eine pelzige, rötlich gelbe Haut. Ihr ausgeprägtes, elegantes Aroma kommt erst nach der Verarbeitung zu Saft, Kompott, Konfitüre, Marillenbrand oder Marillenlikör voll zur Entfaltung. Weiterzuverarbeitende Früchte sollten schon den Ansatz des feinen Aromas haben, damit man sicher gehen kann, dass das Einmachprodukt dann auch von bester Qualität ist. Meist weisen jene Früchte, die sich durch eine glatte, straffe und samtige Haut in einem warmen Orangeton auszeichnen solch ein Aroma auf.

Köstliche Aprikosen stammen zum Beispiel aus Frankreich und Kroatien. Greifen Sie zu, wenn Sie welche auf dem Markt entdecken.

info

Mitgekochte Aprikosenkerne verstärken das Aroma von Aprikosenzubereitungen. Dafür werden die Steine wie Nüsse geknackt, die Kerne entnommen, mitgekocht und wieder entfernt.

Je reifer die Aprikosen sind, desto mehr Aroma können sie in die Konfitüre mit einbringen. Allerdings müssen sie frei von Druckstellen sein.

Aprikosen besitzen einen mittleren Pektingehalt. Um eine schmackhafte und gut gelierende Marmelade zu erhalten wird deshalb die Zugabe von Zitronensäure empfohlen. Bei Verwendung von Gelierzucker ist eine Säurezugabe nicht erforderlich.

Aprikosenkonfitüre

1 kg Aprikosen / 1 kg Gelierzucker

1 Die Aprikosen waschen, entsteinen, klein schneiden und in einen Topf geben. **2** Den Gelierzucker untermischen. **3** Den Topf mit seinem Deckel schließen und die Mischung in einem zimmerwarmen Ort etwa 4 Stunden ziehen lassen. **4** Die Mischung unter ständigem Rühren aufkochen und, ab diesem Zeitpunkt gemessen, 4 Minuten sprudelnd kochen lassen. **5** Eine oder nach Bedarf mehrere Gelierproben nehmen, um den richtigen Gelierzeitpunkt zu ermitteln. **6** Die Konfitüre falls nötig abschäumen, heiß in Twist-off-Gläser randvoll abfüllen und die Glasränder säubern. **7** Die Gläser sofort verschließen, auf die Deckel stellen und ruhen lassen, bis die Konfitüre vollständig erstarrt ist.

Beim Kauf sollten die Aprikosen unbeschädigt und weder zu fest noch zu weich sein. Die Schale sollte keine weißen Flecken oder Druckstellen aufweisen.

Aprikosen-Mandel-Konfitüre

1,2 kg Aprikosen / Spezial-Gelierzucker im Verhältnis 2:1 (auf 1 kg Fruchtmasse kommen 500 g Spezial-Gelierzucker) / 2 EL Mandelblättchen / 4 EL Sherry

1 Die Aprikosen waschen, abtropfen lassen und entsteinen. 2 Die Hälfte der Aprikosen in einem Mixer zermusen, das restliche Fruchtfleisch klein schneiden. 3 Die gesamte Fruchtmenge abwiegen und in einen Topf füllen. 4 Spezial-Gelierzucker entsprechend dem vorgegebenen Verhältnis abwiegen und unter die Fruchtmasse mischen. 5 Das Fruchtmus abdecken und 3 bis 4 Stunden ziehen lassen. 6 Die Mischung unter ständigem Rühren aufkochen und, ab diesem Zeitpunkt gemessen, 3 Minuten sprudelnd kochen lassen. 7 Kurz vor Ende der Kochzeit die Mandelblättchen und den Sherry zugeben. 8 Gelierprobe nehmen. 9 Die Konfitüre falls nötig abschäumen, heiß in Twist-off-Gläser randvoll abfüllen und die Glasränder säubern. 10 Die Gläser sofort verschließen, auf die Deckel stellen und ruhen lassen.

Marmelade aus gedörrten Aprikosen

500 g gedörrte Aprikosen / 2 l Wasser / 1 Zitrone / 3 unbehandelte Orangen / Zucker im Verhältnis 4:3 (auf 500 g Fruchtmus kommen 375 g Zucker)

1 Die Aprikosen in einem Topf mit dem Wasser bedecken und über Nacht einweichen. 2 Am nächsten Tag die Zitrone auspressen. 3 Die Orangen waschen und die Schale sehr dünn (ohne weiße Haut) abschälen. 4 Zitronensaft und Orangenschale zu den eingeweichten Aprikosen geben. Aufkochen und die Aprikosen bei schwacher Hitze solange kochen, bis sie zerfallen. 5 Den Brei durch ein Passiersieb streichen und wiegen. 6 Den Zucker abwiegen und untermischen. 7 Die Orangenfilets über einer Schüssel mit einem scharfen Messer aus den Häutchen lösen. Den abtropfenden Saft auffangen. 8 Die Orangenfilets jeweils in vier möglichst gleich große Stücke schneiden und mit dem Orangensaft zum Mus geben. 9 Das Mus unter ständigem Rühren aufkochen und, ab diesem Zeitpunkt gemessen, 10 Minuten

Gedörrte Aprikosen sind jene getrockneten Früchte, die es abgepackt als Trockenobst zu kaufen gibt. Damit sie wieder geschmeidig werden, weicht man sie über Nacht in Wasser ein.

Das frühlingsfrische Grün der vitaminreichen Kiwi bringt farblich und geschmacklich eine willkommene Abwechslung auf Ihren Frühstückstisch.

sprudelnd kochen lassen. **10** Gelierprobe nehmen. **11** Die Marmelade falls nötig abschäumen und heiß in Twist-off-Gläser randvoll abfüllen. **12** Die Gläser sofort verschließen, auf die Deckel stellen und ruhen lassen.

Aprikosenmus nach Großmutterart

Etwa 1,5 kg sehr reife bis überreife Aprikosen / 1 Zitrone

1 Aprikosen waschen, abtropfen lassen, entsteinen und in einen Topf geben. **2** Einige Aprikosensteine mit einem Nussknacker aufknacken und die Kerne zum Obst geben. **3** Die Aprikosen ohne Wasser unter Rühren weichkochen. **4** Den Brei durch ein Sieb in einen Topf passieren. **5** Die Zitrone auspressen und den Saft zufügen. **6** Den Backofen auf etwa 150 °C (Umluft 130 °C, Gas Stufe 1) erwärmen. **7** Den Aprikosenbrei hineinstellen und unter gelegentlichem Rühren so lange einkochen lassen, bis er streichfähig geworden ist. **8** Das Mus portionsweise in Twist-off-Gläser randvoll abfüllen, dabei immer wieder mit dem Löffel herunterdrücken, damit sich keine Luftpolster bilden. **9** Die Gläser erneut in den Backofen stellen, damit die restliche Luft entweichen kann. **10** Wenn sich eine Haut bildet, die Gläser herausnehmen, sofort verschließen, auf die Deckel stellen und ruhen lassen.

Aprikosenmus wie auch Mus aus anderen gut gelierenden Früchten wird, wenn die Früchte sehr reif sind, ohne Zucker zubereitet.

Bananen

Bananen gehören zu den beliebtesten Südfrüchten, denn sie schmecken gut, lassen sich leicht schälen und enthalten zudem wichtige Mineralstoffe. Obstbananen sind das ganze Jahr über erhältlich. Sie werden grün geerntet und reifen erst während des Transportes und der Lagerung. Sie sind voll ausgereift, wenn sich kleine dunkle Flecken auf der Schale zeigen. Zwar gibt es auch Kochbananen und die kleinen Apfelbananen, doch für die Herstellung von Marmelade & Co. sind nur die Obstbananen relevant, meist kombiniert mit säuerlichen Früchten.

Bananen-Kiwi-Marmelade

300 g geschälte Bananen / 700 g Kiwis / 1 Zitrone / Spezial-Gelierzucker im Verhältnis 2:1 (auf 1 kg Fruchtmasse kommen 500 g Spezial-Gelierzucker)

1 Die Bananen in Scheiben schneiden und in eine Schüssel geben. **2** Die Kiwis sehr dünn schälen, die Stielansätze und Strünke entfernen, das Fruchtfleisch klein schneiden und zu den Bananen geben. **3** Die Zitrone ausdrücken und den Saft darüber gießen. **4** Die Fruchtmasse abwiegen. **5** Spezial-Gelierzucker abwiegen und untermischen. **6** Die Schüssel abdecken und die Früchte an einem zimmerwarmen Ort 3 Stunden ziehen lassen. **7** Die Früchte mit einem Pürierstab grob zermusen. **8** Die Fruchtmasse unter ständigem Rühren aufkochen und, ab diesem Zeitpunkt gemessen, 3 Minuten sprudelnd kochen lassen. **9** Gelierprobe nehmen. **10** Die Marmelade falls erforderlich abschäumen und heiß in Twist-off-Gläser randvoll abfüllen. **11** Die Gläser sofort verschließen, auf die Deckel stellen und ruhen lassen, bis die Marmelade vollständig erkaltet ist.

Bananen-Orangen-Marmelade

6 mittelgroße Bananen / 7 Orangen / 1 Zitrone / 2 Stück kandierter Ingwer / Spezial-Gelierzucker im Verhältnis 2:1 (auf 1 kg Fruchtmasse kommen 500 g Spezial-Gelierzucker) / 3 EL weißer Rum

1 Die Bananen schälen und in Scheiben schneiden. **2** Die Orangen waschen. **3** 3 Orangen halbieren, das Fruchtfleisch ohne Haut herausschneiden, klein schneiden und zu den Bananenscheiben geben. Die leeren Orangenhälften ausdrücken und den Saft auffangen. **4** Die restlichen Orangen und die Zitrone auspressen und die Säfte über die Fruchtstücke gießen. **5** Die Fruchtstücke mit einem Pürierstab grob zerkleinern. **6** Ingwer sehr fein hacken und zufügen. **7** Das Fruchtmus wiegen. **8** Spezial-Gelierzucker abwiegen und unter das Mus mischen. **9** Die Fruchtmasse unter ständigem Rühren aufkochen und 3 Minuten sprudelnd kochen lassen. **10** Den Rum unter das Fruchtmus rühren. **11** Eine

Das feine Aroma der Bananen kann durch eine Zugabe von drei bis vier Esslöffeln Bananenlikör hervorgehoben werden. Der Bananenlikör sollte erst kurz vor dem Abfüllen unter die Marmelade gemischt werden.

Gelierprobe nehmen. **12** Die Marmelade falls erforderlich abschäumen und heiß in Twist-off-Gläser randvoll abfüllen. **13** Die Gläser sofort verschließen, auf die Deckel stellen und ruhen lassen.

Birnen laufen schnell braun an, deshalb sollten sie nach dem Zerkleinern mit Zitronensaft übergossen werden. Die Säure verhindert den Oxidationsprozess.

Bananen-Himbeer-Aufstrich

200 g geschälte Bananen / 300 g geputzte Himbeeren / 150 g Zucker / 2 Zitronen / 1 Packung Gelin (200 g)

1 Die Bananen in kleine Stücke schneiden. In einen Topf geben. **2** Die Hälfte der Himbeeren mit einem Pürierstab pürieren und zu den Bananenstücken geben. **3** Die restlichen Himbeeren mit einem Stampfer oder einer Gabel grob zerquetschen und in den Topf geben. **4** Den Zucker untermischen. **5** Die Zitronen ausdrücken und den Saft unterrühren. **6** Das Gelee mit dem Fruchtmus vermischen und verrühren, bis die Masse geliert ist; das dauert etwa 1 Minute. **7** In Twist-off-Gläser füllen und im Kühlschrank lagern. Da der Aufstrich kalt zubereitet wird, ist er im Kühlschrank nur 3 bis 4 Tage haltbar.

Birnen

Ähnlich wie bei Äpfeln gibt es auch bei Birnen eine kaum zu überschauende Sortenvielfalt. Sie variiert von großen, weichen Birnen zum Rohverzehr mit einem ausgeprägten süßen, aromatischen Geschmack bis hin zu kleinen, harten Birnen, deren typischer Geschmack sich erst nach dem Kochen entwickelt. Da viele Birnensorten nur begrenzt lagerfähig sind, müssen sie zügig verarbeitet werden. Leider ist der Birnenanbau in Deutschland in den letzten Jahren stark zurückgegangen, so dass man, wenn man keinen eigenen Garten hat, meist auf Birnenimporte aus Italien und Frankreich zurückgreifen muss. Bekannte Birnensorten sind Clapps Liebling, Williams Christ, Gellerts Butterbirne, Köstliche von Charneux, Conference, Packham's Triumph und Edelcrassane.
Die meisten Birnen haben einen relativ geringen Eigengehalt an Fruchtsäuren und schmecken demnach recht süß. Für die Herstellung von Marmelade & Co. bedeutet dies, dem Fruchtmus Zitronensaft oder Zitronensäure zuzufügen.

Birnenmarmelade

1 kg reife Birnen / 3 Zitronen / 20 g Ingwer / 1 kg Gelierzucker / 1/2 Stange Zimt

1 Die Birnen waschen und schälen. Die Kerngehäuse entfernen, das Fruchtfleisch klein schneiden und in einen Topf geben. 2 Die Zitronen waschen, abtrocknen, auspressen und den Saft unter die Birnenstücke mischen. 3 Die Birnenstücke mit einem Pürierstab grob zermusen. 4 Den Ingwer schälen, klein hacken und unter das Birnenmus mischen. 5 Den Gelierzucker ebenfalls untermischen. 6 Die Zimtstange zum Birnenmus geben, Alles unter ständigem Rühren aufkochen und, ab diesem Zeitpunkt gemessen, 4 Minuten sprudelnd kochen lassen. 7 Eine Gelierprobe oder nach Bedarf mehrere Gelierproben nehmen. 8 Die Marmelade falls erforderlich abschäumen. 9 Die Zimtstange herausnehmen. 10 Die Marmelade heiß in Twist-off-Gläser randvoll abfüllen und die Glasränder abwischen. 11 Die Gläser sofort verschließen, auf die Deckel stellen und ruhen lassen.

Durch Ingwer erhält die Birnenmarmelade ihren geschmacklichen Pfiff, denn die Schärfe des Gewürzes verträgt sich gut mit den süßen Früchten.

Anstatt des Ingwers erhält die Birnenmarmelade mit Nelken eine ebenso interessante Geschmacksnote.

Reife Birnen haben einen angenehmen Duft, und das Fruchtfleisch rund um den Stiel gibt auf Druck leicht nach.

Birnen-Apfel-Konfitüre

500 g reife Birnen / 500 g säuerliche Äpfel / 1 Zitrone / 1 kg Gelierzucker / 1/2 Stange Zimt / 4 EL Birnengeist

1 Birnen und Äpfel waschen, schälen, vierteln und die Kerngehäuse entfernen. **2** Die Hälfte der Birnen und alle Äpfel klein schneiden und in einem Mixer zerkleinern. Das Fruchtmus in einen Topf füllen. **3** Die restlichen Birnen stückeln und zufügen. **4** Die Zitrone auspressen und den Saft zugeben. **5** Den Gelierzucker untermischen. **6** Die Zimtstange zum Fruchtmus geben. **7** Alles unter ständigem Rühren aufkochen und 4 Minuten sprudelnd kochen lassen. **8** Den Birnengeist untermischen. **9** Gelierprobe nehmen. **10** Die Zimtstange entfernen. **11** Die Konfitüre falls nötig abschäumen und heiß in Twist-off-Gläser randvoll abfüllen. **12** Die Gläser sofort verschließen, auf die Deckel stellen und ruhen lassen.

Das Birnenmus kann kurz vor dem Abfüllen mit Birnengeist aromatisiert werden. Eine kräftige Farbe erzielt man durch das Beimischen von Holunderbeer- oder Heidelbeersaft.

Birnenmus

2 unbehandelte Zitronen / 3 kg reife Birnen / 2 Stangen Zimt / 3 Nelken / 100 g Zucker / 1 Tasse Wasser

1 Die Zitronen waschen. Eine Zitrone schälen (ohne weiße Haut). Beide Zitronen auspressen. Zitronensaft und -schale in einen Topf geben. **2** Die Birnen waschen, vierteln und zufügen. **3** Zimtstangen, Nelken und Wasser zugeben, aufkochen und unter ständigem Rühren bei mittlerer Hitze so lange kochen, bis die Birnen zerfallen. **4** Das Birnenmus durch ein Passiersieb streichen und in einen Topf füllen. **5** Das Birnenmus unter ständigem Rühren so lange kochen, bis es streichfähig geworden ist. **6** Den Backofen auf etwa 150 °C (Umluft 130 °C, Gas Stufe 1) vorheizen. **7** Das Mus portionsweise in kleine Twist-off-Gläser randvoll abfüllen, dabei immer wieder mit dem Löffel herunterdrücken, damit sich keine Luftpolster bilden. **8** Die Gläser in den heißen Backofen stellen. **9** Wenn sich eine Haut bildet, die Gläser aus dem Backofen nehmen, sofort verschließen, auf die Deckel stellen und ruhen lassen.

Brombeeren

Brombeeren werden ähnlich wie Himbeeren, wenn auch in geringerem Umfang, in Kulturen gezüchtet. Meist kommen sie jedoch als Wildfrüchte in der Natur vor. Sie wachsen wild rankend in Waldlichtungen und an Weg- und Feldrändern. Die reife Brombeere ist schwarz und besteht aus kleinen Saftkügelchen, die sich zu einer daumennagelgroßen Beere zusammenschließen. Im reifen Zustand lässt sie sich leicht vom Stängel lösen. Die Ernte wird jedoch durch scharfe Dornen erschwert. Gegenüber Kulturbeeren sind die wild wachsenden Beeren wesentlich aromatischer. Für Marmeladen kombinieren Brombeeren geschmacklich gut mit Äpfeln, Birnen, anderen Beeren, aber auch mit Pfirsichen oder Nektarinen.

Brombeer-Stachelbeer-Marmelade ohne Kerne

500 g Brombeeren / 500 g noch nicht ausgereifte Stachelbeeren / Spezial-Gelierzucker im Verhältnis 2:1 (auf 1 kg Fruchtmasse kommen 500 g Spezial-Gelierzucker) / 1 Vanilleschote

1 Die Brombeeren verlesen, nur kurz abspülen, abtropfen lassen, mit einem Pürierstab zerkleinern und durch ein Sieb passieren. **2** Die Stachelbeeren verlesen, waschen, abtropfen lassen, ebenfalls mit dem Pürierstab zermusen und durch das Sieb zu dem Brombeermus passieren. **3** Die Fruchtmasse wiegen. **4** Spezial-Gelierzucker abwiegen und unter das Fruchtmus mischen. **5** Die Vanilleschote aufschneiden, das Mark auskratzen und zur Fruchtmasse geben. **6** Die Fruchtmasse unter ständigem Rühren aufkochen und, ab diesem Zeitpunkt gemessen, 3 Minuten kochen lassen. **7** Gelierprobe nehmen. **8** Die Marmelade falls erforderlich abschäumen und heiß in Twist-off-Gläser abfüllen. **9** Die Gläser sofort verschließen, auf die Deckel stellen und ruhen lassen, bis die Marmelade ausgekühlt ist.

Eine besondere Geschmacksnote erreichen Sie, wenn Sie kurz vor dem Abfüllen der Marmelade etwas Rum oder Brombeerlikör zum kochenden Fruchtmus geben.

Brombeermarmelade nach Großmutters Art

1 kg Brombeeren / 2 Zitronen / 1 kg Gelierzucker

Wenn man zu viel Brombeeren geerntet hat, kann man den Rest problemlos einfrieren und beim nächsten Einmachen unaufgetaut in den Kochtopf geben.

1 Die Brombeeren verlesen, nur kurz abspülen, abtropfen lassen, in einen entsprechend großen Topf geben und mit einem Stampfer zerdrücken oder mit einem Pürierstab grob pürieren.
2 Die Zitronen ausdrücken und den Saft zu dem Brombeermus geben.
3 Den Gelierzucker unterrühren.
4 Das Brombeermus unter ständigem Rühren zum Kochen bringen und, ab diesem Zeitpunkt gemessen, 4 Minuten sprudelnd kochen lassen. 5 Eine Gelierprobe nehmen. 6 Die Marmelade falls erforderlich abschäumen, heiß in Twist-off-Gläser randvoll abfüllen und die Glasränder nach Bedarf mit einem feuchten Tuch sauber abwischen.
7 Die Gläser sofort verschließen, auf die Deckel stellen und ruhen lassen, damit der Geliervorgang der Marmelade nicht gestört wird.

info

Um Fruchtmus zu entsaften, können Sie ein Drahtsieb mit einem Mulltuch auslegen oder ein Tuch um die Beinenden eines umgedrehten Hockers binden. Darunter jeweils eine Schüssel stellen.

Brombeergelee nach Großmutters Art

3/4 l Brombeersaft / 500 g Spezial-Gelierzucker

1 In einem entsprechend großen Topf den kalten Brombeersaft mit dem Gelierzucker vermischen. 2 Die Mischung unter ständigem Rühren zum Kochen bringen und, ab diesem Zeitpunkt gemessen, 1 Minute sprudelnd kochen lassen. 3 Gelierprobe nehmen. 4 Das Gelee falls erforderlich abschäumen und heiß in kleine Twist-off-Gläser randvoll abfüllen.
5 Die Gläser sofort verschließen, auf die Deckel stellen, nach 5 Minuten drehen und bis zum völligen Gelieren des Gelees nicht mehr bewegen.

Brombeer-Apfel-Gelee

500 g säuerliche, noch nicht ausgereifte Äpfel / 1 Zitrone / 2 Tassen Wasser / 1 kg Brombeeren / brauner Zucker im Verhältnis 1:1 (auf 1 Liter Saft kommt 1 kg Zucker) / 4 TL Rum

1 Die Äpfel waschen, abtropfen lassen, mit dem Kerngehäuse klein schneiden und in einen Topf geben.
2 Die Zitrone auspressen und den

Saft über die Apfelstücke gießen. **3** Das Wasser zufügen, alles zum Kochen bringen und bei mittlerer Hitze kochen, bis die Apfelstücke fast weich sind. **4** In der Zwischenzeit die Brombeeren verlesen, nur kurz abspülen und abtropfen lassen. Sollten die Brombeeren dabei bereits Saft verlieren, sie nicht abtropfen lassen, sondern direkt in eine Schüssel geben. **5** Die Brombeeren zu den Apfelstücken geben und beides weich kochen. **6** Das Fruchtmus über Nacht durch ein Mulltuch entsaften. **7** Am nächsten Tag den Saft genau abmessen, in einen Topf füllen und die gleiche Menge an braunem Zucker unterrühren. **8** Den Saft unter ständigem Rühren aufkochen und, ab diesem Zeitpunkt gemessen, so lange kochen, bis er geliert. **9** Den richtigen Gelierzeitpunkt durch wiederholte Gelierproben ermitteln. **10** Das Gelee falls nötig abschäumen, heiß in kleine Twist-off-Gläser randvoll abfüllen und die Glasränder mit einem feuchten Tuch sauber abwischen. **11** Die Gläser sofort verschließen, auf die Deckel stellen, nach 5 Minuten drehen und bis zum völligen Gelieren des Gelees ruhen lassen.

Erdbeeren

Erdbeeren werden überall in der Bundesrepublik angebaut. Die heimischen Früchte kommen zwischen Ende Mai bis Anfang Juli auf den Markt. Frühe Angebote stammen meist aus Spanien oder Italien. Erdbeeren variieren je nach Sorte in Größe, Festigkeit und Geschmack. Für die Zubereitung von Marmelade & Co. sollte man auf die sonnengereiften Erdbeeren aus heimischem Anbau warten. Reif geerntet haben sie ein ausgeprägtes Aroma. Es wird jedoch von den kleinen, nicht lange haltbaren Walderdbeeren weit übertroffen. Wegen ihres geringen Pektin- und Säuregehaltes gelieren Erdbeeren schlecht. Für die Verarbeitung zu Marmelade & Co. sollten immer Pektin und Zitronensäure zugefügt werden, damit das Produkt gut geliert und zudem die Farbe der Erdbeeren schön erhalten bleibt.

Je kleiner die Früchte sind, desto aromatischer ist ihr Geschmack.

Unsere Gartenerdbeeren wurden aus kleinen, wild wachsenden Walderdbeeren gezüchtet, die erst nach 1700 aus Nordamerika und Chile nach Europa kamen.

Erdbeer-Rhabarber-Konfitüre

500 g Erdbeeren / 500 g Rhabarber / Spezial-Gelierzucker im Verhältnis 2:1 (auf 1 kg Fruchtmasse kommen 500 g Spezial-Gelierzucker)

1 Die Erdbeeren waschen, abtropfen lassen und putzen. In einen Topf geben und mit einem Stampfer nur so grob zerdrücken, dass noch einzelne Erdbeerstücke erhalten bleiben. **2** Den Rhabarber waschen, die äußeren Fasern abziehen, die rohen Stängel in etwa 1 Zentimeter lange Stücke schneiden und unter die Erdbeeren mischen. **3** Die Fruchtmasse abwiegen. **4** Spezial-Gelierzucker im angegebenen Verhältnis abwiegen und untermischen. **5** Die Fruchtmasse etwa 1 Stunde zugedeckt ziehen lassen. **6** Alles unter ständigem Rühren aufkochen und, ab diesem Zeitpunkt gemessen, 3 Minuten sprudelnd kochen lassen. **7** Gelierprobe nehmen. **8** Die Konfitüre falls nötig abschäumen und heiß in Twist-off-Gläser randvoll abfüllen. **9** Die Gläser sofort verschließen, auf die Deckel stellen und ruhen lassen.

Erdbeeren lassen sich auch mit Ananas, Äpfeln, Aprikosen, Himbeeren, Stachelbeeren, Kirschen und Orangen kombinieren. Durch die Zugabe von Orangenlikör, Himbeergeist oder Rum können pikante Geschmacksnoten erzielt werden.

Die Kombination dieser ersten Früchte des Frühlings ist ideal, denn die fehlende Säure der Erdbeeren wird durch die Säure des Rhabarbers ersetzt.

Erdbeer-Johannisbeer-Stachelbeer-Konfitüre

500 g Erdbeeren / 500 g rote Johannisbeeren / 500 g Stachelbeeren / Spezial-Gelierzucker im Verhältnis 2:1 (auf 1,5 kg Fruchtmasse kommen 750 g Spezial-Gelierzucker)

1 Die Erdbeeren waschen, abtropfen lassen und putzen. In einen Topf geben und mit einem Stampfer grob zerdrücken. 2 Die Johannisbeeren und die Stachelbeeren waschen, verlesen, putzen und in einem Mixer zerkleinern. 3 Das Mus durch ein Passiersieb drehen. 4 Das Johannisbeer-Stachelbeer-Mus mit der Erdbeermasse vermischen. Die Fruchtmasse wiegen. 5 Spezial-Gelierzucker abwiegen und unter die Fruchtmasse mischen. 6 Die Fruchtmasse unter ständigem Rühren aufkochen und, ab diesem Zeitpunkt gemessen, 3 Minuten sprudelnd kochen lassen. 7 Gelierprobe nehmen. 8 Die Konfitüre falls erforderlich abschäumen und heiß in Twist-off-Gläser randvoll abfüllen. 9 Die Gläser sofort verschließen, auf die Deckel stellen und ruhen lassen, bis die Konfitüre abgekühlt ist.

Durch Zugabe des pektinreichen Zitronensaftes geliert die Erdbeermarmelade ohne Probleme.

Erdbeermarmelade nach Großmutters Art

1 kg Erdbeeren / 3 Zitronen / 1 kg Gelierzucker

1 Erdbeeren waschen und putzen. In einen Topf geben und mit dem Pürierstab zerkleinern oder mit einem Stampfer zermusen. 2 Die Zitronen auspressen und den Saft mit dem Erdbeermus verrühren. 3 Den Gelierzucker unterrühren. 4 Das Erdbeermus unter ständigem Rühren aufkochen und, ab diesem Zeitpunkt gemessen, 4 Minuten kochen lassen. 5 Gelierprobe nehmen. 6 Die Marmelade falls nötig abschäumen und heiß in Twist-off-Gläser randvoll abfüllen. 7 Die Gläser sofort verschließen, auf die Deckel stellen und ruhen lassen.

Um Mehrfruchtkonfitüren mit Erdbeeren herzustellen, sollte man die Erdbeeren einfrieren, damit man sie verfügbar hat, wenn die anderen Früchte geerntet werden.

Erdbeergelee mit grünem Pfeffer

Beim Abfüllen darauf achten, dass die einzelnen Pfefferkörner gleichmäßig in dem Gelee verteilt sind.

2 kg Erdbeeren / 1/4 l Wasser / 2 Zitronen / Spezial-Gelierzucker im Verhältnis 3:2 (auf 0,75 l Saft kommen 500 g Spezial-Gelierzucker) / 2 EL eingelegter grüner Pfeffer

1 Die Erdbeeren waschen, abtropfen lassen und putzen. In einen Topf geben und mit einem Stampfer grob zerdrücken. **2** Das Wasser unterrühren und die Erdbeeren etwa 5 Minuten kochen lassen. **3** Das Erdbeermus durch ein Mulltuch entsaften. **4** Die Zitronen ausdrücken und den Saft mit dem Erdbeersaft vermischen. **5** Das Saftgemisch abmessen und in einen Topf geben. **6** Spezial-Gelierzucker abwiegen und in den Saft einrühren. **7** Den Saft unter ständigem Rühren aufkochen und, ab diesem Zeitpunkt gemessen, 1 Minute sprudelnd kochen lassen. **8** Den Pfeffer unterrühren. **9** Gelierprobe nehmen. **10** Das Gelee abschäumen und heiß in kleine Twist-off-Gläser randvoll abfüllen. **11** Die Gläser sofort verschließen auf die Deckel stellen, nach 5 Minuten drehen und ruhen lassen.

Grüner Pfeffer sind Beeren, die noch unreif, also grün geerntet werden. Sie besitzen noch kaum Schärfe, sondern ein fruchtiges Aroma.

Erdbeermarmelade roh gerührt

500 g Erdbeeren / 1 EL Zitronensaft / 500 g Gelierzucker / 1/8 l Rum

1 Die Erdbeeren waschen, abtropfen lassen und putzen. Es dürfen nur einwandfreie Erdbeeren verarbeitet werden. 2 Die Erdbeeren mit einem Pürierstab zerkleinern. 3 Den Zitronensaft über das Mus gießen. 4 Den Gelierzucker darunter mischen und etwa 15 Minuten rühren, bis das Erdbeermus anfängt, dick zu werden. 5 Die rohe Marmelade in kleine Twist-off-Gläser füllen. 6 Auf die Marmelade einen dünnen Film Rum gießen. 7 Die Gläser verschließen und kühl lagern. Die Marmelade sollte nur kurz gelagert und zügig verzehrt werden.

Hagebutten

Hagebutte, auch wilde Rose, Heckenrose oder Hundsrose genannt, ist ein robustes, schnell wachsendes, etwa drei Meter hohes Strauchgewächs. Es ist über ganz Europa verbreitet. Wild wächst es an Waldrändern, Bahndämmen, Böschungen und Wegrändern.

Die Hagebutte ist auch eine beliebte Heckenpflanze für Gärten und Parks. Die reife Frucht ist rot, etwa zwei Zentimeter lang, rund oder oval und innen voller haariger Samen. Die Früchte sind reich an Vitaminen, vor allem an Vitamin C.

info

Grundsätzlich lassen sich alle Rezepte mit Zucker, Gelierzucker oder Spezial-Gelierzucker zubereiten. Wichtig ist nur, dass man das jeweilige Verhältnis zur Fruchtmenge einhält.

Hagebuttenmarmelade

1 kg reife Hagebutten / 1/2 l Wasser / 1 Vanilleschote / 1 Zitrone / Gelierzucker im Verhältnis 1:1 (auf 1 kg Fruchtmasse kommt 1 kg Gelierzucker)

1 Die vertrockneten Blütenblätter und die Stängel von den Hagebutten entfernen. Dies geht am besten, wenn man die trockenen, noch festen Früchte in einem Küchenhandtuch hin und her rubbelt. Die Früchte waschen. 2 Die Früchte aufschneiden, die Kerne herauskratzen und die Früchte abspülen. 3 Die entkernten Hagebutten mit dem Wasser aufkochen und etwa 30 Minuten lang bei schwacher Hitze weich kochen lassen. 4 Die Früchte mit der Flüssigkeit

Es gibt zwei Hagebuttenarten. Die Großfruchtigen werden im August reif und haben viel Fruchtfleisch. Die Kleinfruchtigen dagegen reifen erst im Oktober, haben wenig Fruchtfleisch, dafür aber das intensivere Aroma.

Viel Mühe macht diese köstliche Hagebuttenkonfitüre – Ihre Lieben werden es Ihnen danken.

Beim Entkernen der Hagebutten sollten Sie darauf achten, dass die kleinen Härchen der Kerne nicht in die Augen oder an die Haut gelangen. Die Kerne sind nicht umsonst bei den Kindern als Juckpulver beliebt.

Hagebutten-Apfel-Konfitüre

700 g Hagebutten / 1/2 l Wasser / 700 g säuerliche Äpfel / 1 Zitrone / Spezial-Gelierzucker im Verhältnis 2:1 (auf 1 kg Fruchtmasse kommen 500 Gramm Spezial-Gelierzucker)

1 Die Hagebutten putzen, waschen, halbieren, die Kerne herauskratzen und die Früchte nochmals waschen. 2 In einer Schüssel mit dem Wasser bedecken und über Nacht einweichen. 3 Am nächsten Tag die Hagebutten mit dem Wasser aufkochen und etwa 20 Minuten bei schwacher Hitze weich kochen. 4 Die Früchte im Mixer zerkleinern. 5 Die Äpfel schälen, vierteln und das Kerngehäuse entfernen. Das Fruchtfleisch klein schneiden und zu den Hagebutten geben. 6 Die Zitrone auspressen und den Saft zufügen. 7 Die Fruchtmasse abwiegen. 8 Den Spezial-Gelierzucker abwiegen und untermischen. 9 Aufkochen und 4 Minuten sprudelnd kochen lassen. 10 Gelierprobe nehmen. 11 Die Konfitüre abschäumen und heiß in Twist-off-Gläser abfüllen. 12 Die Gläser sofort verschließen und auf die Deckel stellen.

durch ein Sieb passieren. 5 Die Vanilleschote aufschneiden, das Mark auskratzen und zum Mus geben. 6 Die Zitrone auspressen und den Saft dazugießen. Alles miteinander vermischen. 7 Die Fruchtmasse abwiegen. 8 Gelierzucker abwiegen und untermischen. 9 Alles unter ständigem Rühren aufkochen und, ab diesem Zeitpunkt gemessen, 4 Minuten sprudelnd kochen lassen. 10 Gelierprobe nehmen. 11 Die Marmelade falls nötig abschäumen und heiß in Twist-off-Gläser randvoll abfüllen. 12 Die Gläser sofort verschließen, auf die Deckel stellen und ruhen lassen, bis die Marmelade fest geworden ist.

Hagebuttenmus

1 kg voll ausgereifte Hagebutten / 1/8 l süßer Portwein / 1 Vanilleschote / 1 Zitrone

1 Von den Hagebutten die Blütenstände und die Stängel entfernen, die Früchte halbieren, entkernen und waschen. 2 Die Früchte in ein verschließbares Gefäß füllen, mit dem Portwein übergießen und verschließen. 3 Die Hagebutten an einem kühlen Ort eine Woche lang einweichen lassen. Dabei ab und zu umrühren. 4 Zur Weiterverarbeitung die Vanilleschote aufschneiden, das Mark auskratzen und zu den Hagebutten geben. 5 Die Zitrone auspressen und den Saft darüber geben. 6 Alles mit einem Pürierstab zerkleinern. 7 Das Mus in Gläser mit Drehverschlüssen füllen. Es soll etwa 2 Zentimeter Luft zwischen Deckel und Mus bleiben. 8 Die Gläser auf ein Drahtsieb in einen Einmachtopf stellen, den Topf so weit mit kaltem Wasser befüllen, dass die Gläser etwa zu 2/3 ihrer Höhe im Wasser stehen. 9 Das Hagebuttenmus bei 80 °C 30 Minuten einkochen (sterilisieren). 10 Die Gläser herausholen, abkühlen lassen.

Heidelbeeren

Heidelbeeren, auch Blaubeeren, Schwarzbeeren, Taubeeren oder Bickbeeren genannt, kommen wild in Waldgebieten von Mittelgebirgen oder in Heidelandschaften vor. Sie gehören zu den Heidekrautgewächsen. Die Sträucher werden 15 bis 50 Zentimeter hoch und tragen etwa erbsengroße Früchte, die in Trauben angeordnet sind. Die am Markt angebotenen Früchte stammen aus Kulturanbau. Diese Früchte sind größer, fester und nicht ganz so tiefblau gefärbt wie wilde Heidelbeeren. Das Fruchtfleisch der gezüchteten Beeren ist hell. Es verfärbt beim Essen Zähne und Mund nicht so intensiv blau, wie es die dunkelblauen Wildfrüchte tun. Da der Pektin- und Säuregehalt durchschnittlich ist, lassen sich Heidelbeeren gut zu Marmelade & Co. verarbeiten. Die Früchte eignen sich zudem auch bestens, um mit Äpfeln, Brombeeren oder Orangen kombiniert zu werden.

Wilde Heidelbeeren sind wesentlich aromatischer als gezüchtete. Auch wenn es sehr mühselig ist, sollte man versuchen, die schmackhaftere Wildheidelbeere zu sammeln und zu verarbeiten. In einer Stunde kann man etwa 250 Gramm sammeln.

Wilde Heidelbeeren können nicht gelagert werden. Sie müssen so schnell wie möglich verarbeitet werden. Wenn sie schon beim Transport Saft verlieren, muss es in der Küche sehr schnell gehen.

Heidelbeermarmelade nach klassischer Art

1 kg Heidelbeeren / 2 Zitronen / 1 kg Gelierzucker

1 Die Heidelbeeren verlesen, waschen, abtropfen lassen und in einen Topf füllen. Falls die Früchte sehr reif sind und Saft verlieren, sollte man sie nur kurz abbrausen und ohne abzutropfen nehmen. **2** Die Heidelbeeren mit einer Gabel oder einem Stampfer zerdrücken. **3** Die Zitronen auspressen und den Saft über das Heidelbeermus gießen. **4** Den Gelierzucker darunter mischen. **5** Das Mus aufkochen und unter Rühren 4 Minuten sprudelnd kochen lassen. **6** Eine oder nach Bedarf mehrere Gelierprobe nehmen. **7** Die Marmelade falls nötig abschäumen und heiß in Twist-off-Gläser randvoll abfüllen. **8** Die Gläser sofort verschließen, auf die Deckel stellen und ruhen lassen, bis die Marmelade erkaltet ist.

Heidelbeer-Apfel-Konfitüre

600 g Heidelbeeren / 1 Zitrone / 400 g säuerliche Äpfel / 1 kg Gelierzucker

1 Die Heidelbeeren verlesen, waschen, abtropfen lassen und in einen Topf füllen. Falls die Früchte sehr reif sind und Saft verlieren, sollte man sie nur kurz abbrausen und ohne abzutropfen nehmen. **2** Die Beeren mit einer Gabel oder einem Stampfer zerdrücken. **3** Die Zitronen auspressen und den Saft über das Heidelbeermus gießen. **4** Die Äpfel waschen, schälen, vierteln und die Kerngehäuse entfernen. Das Fruchtfleisch klein schneiden und zum Heidelbeermus geben. **5** Den Gelierzucker unterrühren und die Masse 2 Stunden bei Zimmertemperatur ziehen lassen. **6** Die Fruchtmasse unter ständigem Rühren aufkochen und, ab diesem Zeitpunkt gemessen, 4 Minuten sprudelnd kochen lassen. **7** Gelierprobe nehmen. **8** Die Konfitüre falls erforderlich abschäumen und heiß in Twist-off-Gläser randvoll abfüllen. **9** Die Gläser sofort verschließen, auf die Deckel stellen und ruhen lassen.

Heidelbeer-Himbeer-Gelee

500 g Heidelbeeren / 500 g Himbeeren / 1 Tasse Wasser / 2 Zitronen / Gelierzucker im Verhältnis 1:1 (auf 0,75 l Saft kommen 750 g Gelierzucker) / 2 EL Whisky

1 Die Heidelbeeren und die Himbeeren verlesen, waschen, abtropfen lassen, in einen Topf füllen und mit dem Wasser kochen, bis die Früchte weich sind. **2** Die Fruchtmasse zusammen mit der Kochflüssigkeit durch ein Mulltuch entsaften. **3** Die Zitrone auspressen und den Saft unter den Heildelbeer-Himbeer-Saft mischen. **4** Den Fruchtsaft abmessen. **5** Die gleiche Menge an Gelierzucker unter den Saft mischen. **6** Den Fruchtsaft aufkochen und unter ständigem Rühren 4 Minuten sprudelnd kochen lassen. **7** Den Whisky unter das Gelee rühren. **8** Eine Gelierprobe nehmen. **9** Das Gelee falls nötig abschäumen und heiß in kleine Twist-off-Gläser randvoll abfüllen. **10** Die Gläser sofort verschließen, auf die Deckel stellen, nach 5 Minuten drehen und bis zum völligen Gelieren des Gelees nicht mehr bewegen.

Die meisten Himbeersorten sind rot. Es gibt sie aber auch in Schwarz, Gelb, Orange, Bernsteinfarben und Weiß. Geschmacklich ist kein Unterschied feststellbar.

Himbeeren

Die Himbeeren, die im Handel angeboten werden, stammen aus kultiviertem Anbau. Die robuste Rankpflanze ist auch eine beliebte Gartenpflanze. In der freien Natur kommt sie etwa an Waldrändern, Lichtungen und Bahndämmen vor. Vielerorts werden Himbeeren wie Erdbeeren zum Selbstpflücken angeboten. Obwohl die Früchte durch Züchtungen widerstandsfähiger geworden sind, sind sie sehr empfindlich, vor allem gegen Druck. Sie sollten deshalb nach dem Pflücken zügig verarbeitet werden. Himbeeren sind vitaminreich und besitzen einen durchschnittlichen Pektin- und einen ausgewogenen Säuregehalt. Sie sind für die Herstellung von Marmelade & Co. beliebt.

Himbeermarmelade sollte nur in kleinen Mengen eingekocht werden, da sie schnell an Aroma und Farbe verliert. Besser: Einen Teil der Himbeeren einfrieren und die Marmelade nach Bedarf frisch zubereiten.

Ein Butterhörnchen mit Himbeermarmelade – und der Sonntag fängt gut an.

Wenn Sie lieber mit normalem Haushaltszucker arbeiten, müssen Sie das Gelieren in jedem Fall mit einer Gelierprobe überprüfen. Bei Gelierzucker ist dies nicht unbedingt nötig, da der Gelierzucker mit Pektin angereichert ist.

Himbeermarmelade nach klassischer Art

1 kg Himbeeren / 1 Zitrone / Spezial-Gelierzucker im Verhältnis 2:1 (auf 1 kg Fruchtmasse kommen 500 g Spezial-Gelierzucker)

1 Die Himbeeren verlesen, waschen, abtropfen lassen, in einen Topf füllen und mit einer Gabel oder einem Stampfer zerdrücken. 2 Die Zitrone auspressen und den Saft unter das Himbeermus mischen. 3 Das Mus wiegen. 4 Spezial-Gelierzucker entsprechend dem angegebenen Verhältnis abwiegen und unter das Fruchtmus mischen. 5 Das Himbeermus unter ständigem Rühren zum Kochen bringen und, ab diesem Zeitpunkt gemessen, 3 Minuten sprudelnd kochen lassen. 6 Gelierprobe nehmen. 7 Die Marmelade falls erforderlich mit einem Schaumlöffel abschäumen und heiß in Twist-off-Gläser randvoll abfüllen. 8 Die Gläser sofort verschließen, auf die Deckel stellen und ruhen lassen, bis die Marmelade fest geworden ist.

Himbeergelee

3/4 l Himbeersaft / 1 Zitrone / 1 kg Gelierzucker

1 Den Himbeersaft in einen Topf füllen. 2 Die Zitrone auspressen und den Zitronensaft mit dem Himbeersaft vermischen. 3 Den Gelierzucker einrühren. 4 Den Topfinhalt unter ständigem Rühren aufkochen und, ab diesem Zeitpunkt gemessen, 1 Minute sprudelnd kochen lassen. 5 Gelierprobe nehmen. 6 Das Gelee falls erforderlich mit einem Schaumlöffel abschäumen und heiß in kleine Twist-off-Gläser randvoll abfüllen. 7 Die Gläser sofort verschließen, auf die Deckel stellen, nach 5 Minuten drehen und bis zum völligen Gelieren nicht mehr bewegen.

Himbeer-Apfel-Konfitüre

400 g säuerliche Äpfel / 1 Zitrone / 750 g Himbeeren / 1 Vanilleschote / Spezial-Gelierzucker im Verhältnis 2:1 (1 kg Fruchtmasse auf 500 g Spezial-Gelierzucker) / 3 EL Himbeergeist

1 Die Äpfel schälen, vierteln, entkernen, fein schneiden und in einen Topf geben. 2 Die Zitrone auspressen und den Saft mit den Apfelstücken vermischen. 3 Die Himbeeren verlesen, waschen und kurz abtropfen lassen. 400 Gramm der Früchte mit einem Stampfer zerdrücken und unter die Apfelstücke mischen. Die restlichen Himbeeren unterheben. 4 Die Vanilleschote aufschneiden, das Mark auskratzen und unter die Früchte rühren. 5 Die Fruchtmasse abwiegen. 6 Spezial-Gelierzucker abwiegen und untermischen. 7 Die Fruchtmasse zugedeckt 2 Stunden ziehen lassen. 8 Alles unter ständigem Rühren aufkochen und 3 Minuten kochen lassen. 9 Den Himbeergeist unterrühren. 10 Gelierprobe nehmen. 11 Die Konfitüre falls nötig abschäumen und heiß in Twist-off-Gläser randvoll abfüllen. 12 Die Gläser verschließen, auf die Deckel stellen und ruhen lassen.

Himbeer-Erdbeer-Konfitüre

600 g Himbeeren / 400 g Erdbeeren / 1 kg Gelierzucker / 1 Zitrone

1 Himbeeren und Erdbeeren verlesen, waschen, abtropfen lassen und putzen. 2 Die Hälfte der Himbeeren und die Erdbeeren in einen Topf geben und mit einem Stampfer oder einer Gabel fein zerdrücken. 3 Die restlichen Himbeeren untermischen.
4 Den Gelierzucker unter die Fruchtmischung rühren. 5 Abdecken und 3 Stunden ziehen lassen. 6 Die Zitrone ausdrücken und den Saft zur Fruchtmasse geben. 7 Aufkochen und unter Rühren 4 Minuten sprudelnd kochen lassen. 8 Gelierprobe nehmen. 9 Die Konfitüre falls nötig abschäumen und heiß in Twist-off-Gläser randvoll abfüllen. 10 Die Gläser sofort verschließen, auf die Deckel stellen und einige Zeit ruhen lassen.

info

Falls die Himbeeren schon beim Verlesen Saft verlieren, sollten sie nur kurz abgebraust und, ohne sie abtropfen zu lassen, weiterverarbeitet werden. So bleibt möglichst viel Aroma erhalten.

Holunderbeeren

Wegen seiner Vitamine und sonstigen gesundheitsfördernden Wirkstoffe ist der Holunder in der Volksapotheke ein begehrtes Heilmittel. Mit ihm lassen sich Gicht, Rheuma, Wassersucht, Verstopfungen oder Erkältungen behandeln.

Schwarze Holunderbeeren, in Norddeutschland auch Fliederbeeren genannt, wachsen überall in Deutschland wild. Die Pflanze wird etwa vier bis sieben Meter hoch. Ihre Früchte bestehen aus kleinen Beeren, die in kräftigen Dolden angeordnet sind. Reife Holunderbeeren haben eine tiefschwarze Farbe, sind sehr saftig und verfügen über ein ausgeprägtes Aroma. Da die Früchte nur wenig Pektin und Säure haben, müssen sowohl fremde Pektine als auch Zitronensäure bei der Herstellung von Marmelade & Co. zugesetzt werden. Natürlich kann man Holunderbeeren auch mit pektin- und säurereichen Obstarten kombinieren. Ganz wichtig ist jedoch folgender Hinweis: Es dürfen nur voll ausgereifte Holunderbeeren verarbeitet werden, da unreife, noch grüne Beeren gesundheitsschädlich sind. Sie lösen Brechreize aus. Auch reife Beeren sollten nicht roh verzehrt werden, denn sie verfügen über leicht giftige Stoffe. Die Giftstoffe gehen beim Kochen der Holunderbeeren jedoch verloren.

Holunderbeeren sind Aromariesen und schmecken deshalb ein wenig streng und bitter. Diese Besonderheit lässt sich durch Mischungen mit anderem Obst leicht ausgleichen.

Holunder-Apfel-Marmelade

1 kg reife Holunderbeeren / 500 g säuerliche Äpfel / Spezial-Gelierzucker im Verhältnis 2:1 (auf 1 kg Fruchtmasse kommen 500 g Spezial-Gelierzucker) / 3 Zitronen / 2 EL Calvados

1 Die Holunderbeeren waschen, abtropfen lassen, von den Dolden streifen und in einen Topf geben. 2 Die Äpfel waschen, abtropfen lassen, vierteln und die Kerngehäuse entfernen. Das Fruchtfleisch sehr klein schneiden und zu den Beeren geben. 3 Die Fruchtmasse wiegen. 4 Spezial-Gelierzucker abwiegen und untermischen. 5 Die Masse abdecken und über Nacht ziehen lassen. 6 Am nächsten Tag die Zitronen ausdrücken und den Zitronensaft unter die Fruchtmasse mischen. 7 Alles unter ständigem Rühren aufkochen und 3 Minuten sprudelnd kochen lassen. 8 Den Calvados unter die Fruchtmasse rühren. 9 Gelierprobe nehmen. 10 Die Marmelade falls nötig abschäumen und heiß in Twist-off-Gläser randvoll abfüllen. 11 Die Gläser sofort verschließen, auf die Deckel stellen und ruhen lassen.

Holunderbeergelee

1,5 kg reife Holunderbeeren (Fliederbeeren) / 3 Zitronen / 1 kg Gelierzucker

1 Die Holunderbeeren gründlich waschen, abtropfen lassen und mit Hilfe einer Gabel oder von Hand von den Dolden streifen. Unreife Früchte auslesen. Die Beeren mit einem Dampfentsafter entsaften. 2 Die Zitronen auspressen und mit dem Holunderbeersaft vermischen. 3 Mit einem Messbecher 3/4 Liter Saft abmessen, in einen Topf geben und mit dem Gelierzucker verrühren. 4 Den Saft unter ständigem Rühren aufkochen und, ab diesem Zeitpunkt gemessen, 4 Minuten sprudelnd kochen lassen. 5 Eine oder nach Bedarf mehrere Gelierprobe nehmen. 6 Das Gelee falls erforderlich abschäumen und heiß in kleine Twist-off-Gläser randvoll abfüllen. 7 Die Gläser sofort verschließen, auf die Deckel stellen, nach 5 Minuten drehen und bis zum völligen Gelieren und Erkalten nicht mehr bewegen.

Außer Schwarzem gibt es auch Roten Holunder. Die kräftig roten Beeren sind ohne die giftigen Kerne genießbar. Da die Beeren sehr vitaminreich sind und viel Pektin enthalten, eignen sie sich bestens für die Zubereitung von Marmelade & Co.

Holunder-Apfel-Gelee

1,5 kg reife Holunderbeeren / 1 kg säuerliche Äpfel / 2 Zitronen / Gelierzucker im Verhältnis 3:4 (auf 3/4 l Saft kommt 1 kg Gelierzucker)

1 Die Holunderbeeren waschen, abtropfen lassen und von den Dolden streifen. Mit einem Dampfentsafter entsaften. 2 Äpfel waschen, vierteln, mit etwas Wasser weich kochen und durch ein Mulltuch entsaften. 3 Die Zitronen ausdrücken. 4 Alle Säfte miteinander vermischen, abmessen und in einen Topf geben.
5 Den Gelierzucker auswiegen und mit dem Saft vermischen. 6 Unter Rühren aufkochen und 4 Minuten sprudelnd kochen lassen. 7 Gelierprobe nehmen. 8 Das Gelee abschäumen und heiß in kleine Twist-off-Gläser randvoll abfüllen.
9 Die Gläser sofort verschließen, auf die Deckel stellen, nach 5 Minuten drehen und ruhen lassen.

Johannisbeergelee lässt sich geschmacklich sehr gut mit Rotwein abrunden.

Johannisbeeren

Johannisbeeren wachsen an halbhohen Sträuchern. Während die Weißen Johannisbeeren nur noch selten vorkommen, sind die Roten und Schwarzen Johannisbeeren beliebte, dankbare Gartenpflanzen. Vor allem die roten Beeren sind sehr ertragreich. Die kleinen runden Früchte wachsen an Rispen und haben einen herben, säuerlichen, leicht bitteren Geschmack. Sie sollten erst gepflückt werden, wenn sie voll ausgereift sind, das heißt eine satte rote Farbe haben und sich zwischen den Fingern leicht zerdrücken lassen. Im Gegensatz zu Roten Johannisbeeren wachsen die Schwarzen an nicht so ausgeprägten Rispen. Der Ertrag ist bedeutend niedriger. Dafür haben die schwarzen Früchte ein intensiveres Aroma. Der Vitamin-C-Gehalt liegt höher als bei Zitrusfrüchten. Die Beeren sind reif, wenn sie eine tiefschwarze Farbe angenommen haben. Alle Johannisbeeren sollten nach dem Pflücken zügig verarbeitet werden. Da ihre kleinen Kerne beim Verzehr leicht zwischen den Zähnen stecken bleiben, werden die Früchte oft zu Gelee verarbeitet.

Johannisbeer-Himbeer-Konfitüre

600 g Rote Johannisbeeren / 500 g Himbeeren / Spezial-Gelierzucker im Verhältnis 2:1 (auf 1 kg Fruchtmasse kommen 500 g Spezial-Gelierzucker)

1 Die Johannisbeeren waschen, abtropfen lassen, verlesen und mit Hilfe einer Gabel oder von Hand von den Rispen streifen. 2 Die Himbeeren waschen, abtropfen lassen und verlesen. 3 Die Beeren in einen Mixer geben und zerkleinern oder von Hand mit einem Stampfer zerstampfen. 4 Das Fruchtmus wiegen. 5 Den Spezial-Gelierzucker entsprechend dem angegebenen Verhältnis abwiegen und unter das Fruchtmus mischen. 6 Das Fruchtmus unter ständigem Rühren aufkochen und, ab diesem Zeitpunkt gemessen, 3 Minuten sprudelnd kochen lassen. 7 Eine Gelierprobe oder nach Bedarf mehrere Gelierproben nehmen. 8 Die Konfitüre falls erforderlich mit einem Schaumlöffel abschäumen, heiß in Twist-off-Gläser randvoll abfüllen und die Glasränder sauber abwischen.
9 Die Gläser sofort verschließen, auf die Deckel stellen und ruhen lassen.

Johannisbeergelee

1,5 kg rote Johannisbeeren / 400 ml Wasser / Gelierzucker im Verhältnis 1:1 (auf 1 l Saft kommt 1 kg Gelierzucker)

1 Die Johannisbeeren waschen, abtropfen lassen, verlesen, mit Hilfe einer Gabel oder von Hand von den Rispen streifen und in einen Topf geben. 2 Das Wasser zufügen und die Beeren weich kochen, bis sie aufplatzen. 3 Den Topfinhalt in ein Mulltuch füllen und entsaften. Dafür zum Beispiel das Mulltuch an den Beinen eines umgedrehten Hockers festbinden und den abtropfenden Saft auffangen. 4 Den kalten Saft abmessen und die gleiche Menge an Gelierzucker untermischen. 5 Den Saft unter ständigem Rühren aufkochen und, ab dann gemessen, 4 Minuten sprudelnd kochen lassen.
6 Gelierprobe nehmen. 7 Das Gelee falls nötig abschäumen und heiß in kleine Twist-off-Gläser randvoll abfüllen. 8 Die Gläser sofort verschließen, auf die Deckel stellen, nach 5 Minuten drehen und bis zum völligen Gelieren nicht mehr bewegen.

Auch Johannisbeeren und Stachelbeeren ergeben eine gute Mehrfruchtmarmelade. Dafür je 300 Gramm Rote und Schwarze Johannisbeeren und 400 Gramm Stachelbeeren nehmen.

Kiwis werden unreif geerntet und oft auch unreif angeboten. Vor dem Verzehr müssen sie meist noch einige Tage zu Hause lagern. Die Früchte sollten reif verarbeitet werden. Sie lassen sich gut mit Südfrüchten wie Ananas, Bananen und Mangos kombinieren.

Gelee aus Roten und Schwarzen Johannisbeeren

1 kg Rote Johannisbeeren / 1 kg Schwarze Johannisbeeren / 1/2 l Wasser / Gelierzucker im Verhältnis 3:4 (auf 3/4 l Saft kommt 1 kg Gelierzucker)

1 Alle Johannisbeeren kurz waschen, abtropfen lassen, verlesen, mit Hilfe einer Gabel oder von Hand von den Rispen streifen und in einen Topf geben. **2** Das Wasser zufügen und die Beeren kochen, bis sie weich werden und aufplatzen. **3** Den Topfinhalt in ein Mulltuch füllen und entsaften. Den Saft vollständig abkühlen lassen. **4** Den kalten Saft in einem Messbecher abmessen. **5** Den Gelierzucker abmessen, abwiegen und untermischen. **6** Den Saft unter ständigem Rühren aufkochen und 4 Minuten sprudelnd kochen lassen. **7** Gelierprobe nehmen. **8** Das Gelee falls nötig abschäumen und heiß in kleine Twist-off-Gläser randvoll abfüllen. **9** Die Gläser sofort verschließen, auf die Deckel stellen, nach 5 Minuten drehen und bis zum Gelieren nicht mehr bewegen.

Kiwis

Die Kiwi wird auch Chinesische Stachelbeere genannt, da sie ursprünglich aus China stammt. Heute liegen die Hauptanbaugebiete in Neuseeland, Südafrika, Kalifornien und am Mittelmeer. Die Kiwi ist eine Beerenfrucht, die an Rankpflanzen wächst. Die einzelnen Früchte können bis zu 100 Gramm schwer werden. Das grüne Fruchtfleisch ist zur Mitte hin mit kleinen, essbaren Kernen durchsetzt.

Kiwimarmelade

1 kg Kiwis / Spezial-Gelierzucker im Verhältnis 2:1 (auf 1 kg Fruchtmasse kommen 500 g Spezial-Gelierzucker) / Saft von 1 Zitrone

1 Die Kiwis schälen, das Fruchtfleisch ohne die weißen Strünke klein schneiden und wiegen. **2** Spezial-Gelierzucker abwiegen und untermischen. **3** Zugedeckt 3 Stunden ziehen lassen. **4** Mit einem Stampfer zerdrücken. **5** Zitronensaft unter das Fruchtmus mischen. **6** Unter Rühren aufkochen und 3 Minuten sprudelnd kochen lassen. **7** Gelierprobe nehmen. **8** Die Marmelade falls nötig abschäumen und heiß in Twist-off-Gläser randvoll abfüllen. 9 Die Gläser sofort verschließen, auf die Deckel stellen und ruhen lassen.

Kiwi-Apfel-Konfitüre

500 g säuerliche Äpfel / 1 Tasse Wasser / 500 g Kiwis / Spezial-Gelierzucker im Verhältnis 2:1 (auf 1 kg Fruchtmasse kommen 500 g Spezial-Gelierzucker) / 2 EL Calvados

1 Die Äpfel waschen, vierteln, mit dem Wasser weich kochen und durch ein Sieb passieren. 2 Die Kiwis halbieren, das Fruchtfleisch mit einem Löffel herausholen und ohne die weißen Strünke klein schneiden. Zum Apfelmus geben. 3 Das Fruchtmus wiegen. 4 Spezial-Gelierzucker abwiegen und untermischen. 5 Die Fruchtmasse abdecken und 3 Stunden ziehen lassen. 6 Das Fruchtmus unter ständigem Rühren aufkochen und 3 Minuten sprudelnd kochen lassen. 7 Den Calvados einrühren. 8 Gelierprobe nehmen. 9 Konfitüre abschäumen und heiß in Twist-off-Gläser randvoll abfüllen. 10 Die Gläser sofort verschließen und auf die Deckel stellen.

Calvados ist ein französischer Apfelbrand, der aus Apfelwein (Cidre) hergestellt wird. Die Bernsteinfarbe und das sortentypische Aroma erhält er durch eine Reifung in Eichenfässern.

Die Kiwi wurde nach einem flügellosen Vogel, der in Neuseeland beheimatet ist und dessen zerzauste braune Federn ihrer Schale ähneln, benannt.

Kirschen

Kirschmarmelade sollte nur in kleinen Mengen eingekocht werden, denn sie verliert während der Lagerung an Aroma. Es ist vorteilhafter, die Kirschen einzufrieren und bei Bedarf neue Marmelade daraus zu kochen.

Kirschen sind eine der beliebtesten heimischen Obstarten. Schon ab Ende Mai kommen die ersten Früchte auf den Markt. Unterschieden wird zwischen Süß- und Sauerkirschen. Zu den Süßkirschen gehören die tiefroten Knorpelkirschen mit ihrem festen, aromatischen Fruchtfleisch und die weicheren Herzkirschen. Die Süßkirschen werden vor allem als Frischobst verzehrt. Die Sauerkirschen, zu denen die Amarellen und Morellen zählen, kommen erst ab Ende Juli auf den Markt. Sie eignen sich wegen ihres ausgewogeneren Zucker-Säure-Verhältnisses sehr gut zur Herstellung von Marmelade & Co. Kirschen kombinieren gut mit Äpfeln, Beeren- und Zitrusfrüchten.

Kirschen gibt es von Gelb bis Rot in allen nur denkbaren Nuancen.

Kirsch-Stachelbeer-Konfitüre mit Kirschwasser

400 g Süßkirschen / 400 g Sauerkirschen / 300 g noch nicht ganz ausgereifte Stachelbeeren / Spezial-Gelierzucker im Verhältnis 2:1 (auf 1 kg Fruchtmasse kommen 500 g Gelierzucker) / 1 Zitrone / 3 EL Kirschwasser

1 Die Kirschen waschen, abtropfen lassen, entstielen, entsteinen. In einem Mixer grob zerkleinern und in einen Topf geben. **2** Die Stachelbeeren waschen, abtropfen lassen, Blütenansätze und Stiele entfernen. Die Früchte im Mixer zerkleinern und zum Kirschenmus geben. **3** Die Fruchtmasse wiegen. **4** Spezial-Gelierzucker abwiegen und unter die Fruchtmasse mischen. **5** Den Zitronensaft ausdrücken und zugießen. **6** Das Fruchtmus unter Rühren aufkochen und 3 Minuten sprudelnd kochen lassen. **7** Das Kirschwasser unter die heiße Konfitüre mischen. **8** Gelierprobe nehmen. **9** Die Konfitüre falls nötig abschäumen und heiß in Twist-off-Gläser randvoll abfüllen. **10** Die Gläser sofort verschließen, auf die Deckel stellen und ruhen lassen.

Sauerkirschkonfitüre nach klassischer Art

1 kg Sauerkirschen / 1 kg Gelierzucker / Saft von 2 Zitronen

1 Die Kirschen waschen, entstielen und entsteinen. 2 Ein Drittel klein schneiden und in einen Topf geben. Die restlichen Kirschen in einem Mixer zerkleinern und zu den Kirschstücken geben. 3 Gelierzucker untermischen. 4 Fruchtmasse zugedeckt 4 Stunden ziehen lassen. 5 Den Zitronensaft unter die Kirschen mischen. 6 Das Fruchtmus unter ständigem Rühren aufkochen und 4 Minuten sprudelnd kochen lassen. 7 Gelierprobe nehmen. 8 Die Konfitüre abschäumen und heiß in Twist-off-Gläser abfüllen. 9 Die Gläser sofort verschließen, auf die Deckel stellen und ruhen lassen.

Kirschmarmelade aus Süß- und Sauerkirschen

Je 500 g Süß- und Sauerkirschen / 1 kg Gelierzucker / 1 Stange Zimt

1 Kirschen waschen, abtropfen lassen, entstielen und entsteinen. Im Mixer grob zerkleinern und in einen Topf geben. 2 Den Gelierzucker untermischen. 3 Die Fruchtmasse abdecken und bei Zimmertemperatur 4 Stunden ziehen lassen. 4 Zimtstange zufügen. 5 Das Mus unter Rühren aufkochen und 4 Minuten sprudelnd kochen lassen. 6 Gelierprobe nehmen. 7 Zimtstange entfernen. 8 Die Marmelade falls nötig abschäumen und heiß in Twist-off-Gläser randvoll abfüllen. 9 Die Gläser sofort verschließen, auf die Deckel stellen und ruhen lassen.

Mirabellen

Die Mirabelle ist eine besonders empfindliche Edelpflaumenart. Die Frucht ist klein bis mittelgroß und länglich oval bis rund. Ihre wachsgelbe Fruchthaut weist rote Punkte an jenen Stellen auf, die am Baum der Sonne zugewandt waren. Im reifen Zustand ist die Mirabelle sehr süß und übertrifft in guten Jahren sogar den Zuckergehalt von Kirschen. Das Fruchtfleisch lässt sich leicht vom Stein lösen. Wegen ihres feinen, ausgeprägten Aromas wird sie gerne roh verzehrt. Sie ist aber auch ein vorzüglicher Rohstoff für Marmelade.

Mirabellen lassen sich schnell entsteinen, weshalb sie zum Herstellen von Marmelade & Co. so beliebt sind.

Ebenso gut wie Marmelade lassen sich aus Mirabellen auch Spirituosen herstellen, etwa wie der bekannte Mirabellengeist.

Mirabellenmarmelade

1 kg Mirabellen / Spezial-Gelierzucker im Verhältnis 2:1 (auf 1 kg Fruchtmasse kommen 500 g Spezial-Gelierzucker) / 1 Stange Zimt

1 Die Mirabellen waschen, abtropfen lassen, entstielen, entsteinen und im Mixer grob zerkleinern. **2** Die Fruchtmasse wiegen und in einen Topf geben. **3** Den Spezial-Gelierzucker entsprechend dem angegebenen Verhältnis abwiegen und unter die Fruchtmasse mischen. **4** Die Zimtstange zufügen. **5** Das Fruchtmus unter ständigem Rühren aufkochen und, ab diesem Zeitpunkt gemessen, 3 Minuten sprudelnd kochen lassen. **6** Gelierprobe nehmen. **7** Die Zimtstange entfernen. **8** Die Marmelade falls nötig abschäumen und heiß in Twist-off-Gläser randvoll abfüllen. **9** Die Gläser sofort verschließen, auf die Deckel stellen und ruhen lassen.

Damit die Mirabellen nicht anlaufen, sollten sie sofort, nachdem sie klein geschnitten wurden, mit Zitronensaft übergossen werden.

Mirabellenkonfitüre mit Äpfeln

800 g Mirabellen / 2 Zitronen / 500 g säuerliche Äpfel / Spezial-Gelierzucker im Verhältnis 2:1 (auf 1 kg Fruchtmasse kommen 500 g Spezial-Gelierzucker) / 1 Stange Zimt

1 Die Mirabellen waschen, abtropfen lassen, entstielen und entsteinen, klein schneiden und in einen Topf geben. **2** Den Zitronensaft ausdrücken und zufügen. **3** Äpfel schälen, vierteln, Kerngehäuse entfernen, Fruchtfleisch klein schneiden und zu den Mirabellen geben. **4** Die Früchte wiegen. **5** Den Spezial-Gelierzucker entsprechend dem angegebenen Verhältnis abwiegen und unter die Fruchtmasse mischen. **6** Die Zimtstange zugeben. **7** Die Früchte unter ständigem Rühren aufkochen und, ab diesem Zeitpunkt gemessen, 3 Minuten sprudelnd kochen lassen. **8** Gelierprobe nehmen. **9** Die Zimtstange entfernen. **10** Die Konfitüre falls erforderlich abschäumen und heiß in Twist-off-Gläser randvoll abfüllen. **11** Die Gläser sofort verschließen, auf die Deckel stellen und ruhen lassen, bis die Konfitüre abgekühlt ist.

Mirabellen-Pfirsich-Konfitüre

700 g Mirabellen / 2 Zitronen / 700 g Pfirsiche / Spezial-Gelierzucker im Verhältnis 2:1 (auf 1 kg Fruchtmasse kommen 500 g Spezial-Gelierzucker) / 4 EL Marillenlikör

1 Die Mirabellen waschen, abtropfen lassen, entsteinen, klein schneiden und in einen Topf geben. **2** Die Zitronen auspressen und den Saft mit den Mirabellenstücken vermischen. **3** Die Pfirsiche kurz in kochendes Wasser eintauchen (blanchieren), die Haut abziehen und entsteinen. Das Fruchtfleisch klein schneiden und zu den Mirabellen geben. **4** Die Früchte wiegen. **5** Spezial-Gelierzucker abwiegen und unter die Fruchtmasse mischen. **6** Die Früchte unter ständigem Rühren aufkochen und 3 Minuten sprudelnd kochen lassen. **7** Den Marillenlikör unter das Fruchtmus mischen. **8** Eine oder bei Bedarf mehrere Gelierproben nehmen. **9** Die Konfitüre falls nötig abschäumen und heiß in Twist-off-Gläser randvoll abfüllen. **10** Die Gläser sofort verschließen, auf die Deckel stellen und bis zum Erkalten ruhen lassen.

Orangen

Orangen stammen wie alle Zitrusfrüchte aus den tropischen und subtropischen Bereichen Südostasiens. Nach Europa kamen sie erst vor ungefähr 400 Jahren als Zierpflanze. Heute sind sie im ganzen Mittelmeerraum heimisch. Die Orangen aus diesem Raum werden bei uns in der Wintersaison von November bis Mai angeboten. Die ersten Früchte dieser Saison sind die Blondfrüchte, die alle Navel-Sorten umfassen. Später folgen die Blutfrüchte, bei denen das Fruchtfleisch teilweise rot eingefärbt ist. Die Orangen, die im Sommer erhältlich sind, stammen aus überseeischen Kulturen. Die ebenfalls zu den Orangen zählenden Pomeranze und Bergamotte sind Wildorangen. Sie haben sehr dicke Schalen und ein saures Fruchtfleisch. Zitrusfrüchte lassen sich gut zu Marmelade verarbeiten; besonders bekannt ist die Orangenmarmelade nach englischer Art.

Dass sich Orangen nicht nur zu Saft verarbeiten lassen, beweisen die zahlreichen Rezepte für Marmeladen.

Orangengelee mit Zitronen

3 Zitronen / 8 bis 10 Orangen / 1 kg Gelierzucker / 3 EL Orangenlikör

1 Die Zitronen und Orangen waschen, halbieren und die Säfte getrennt voneinander auspressen. 2 Den Zitronensaft in einen Messbecher füllen und mit Orangensaft bis auf 1 Liter auffüllen. 3 Den Zitrussaft in einen Topf füllen und mit dem Gelierzucker vermischen. 4 Den Saft unter ständigem Rühren aufkochen und, ab diesem Zeitpunkt gemessen, 4 Minuten sprudelnd kochen lassen. 5 Den Orangenlikör unter den kochenden Saft mischen. 6 Gelierprobe nehmen. 7 Das Gelee falls nötig abschäumen und heiß in kleine Twist-off-Gläser randvoll abfüllen. 8 Die Gläser sofort verschließen, auf die Deckel stellen, nach 5 Minuten drehen und bis zum Gelieren nicht mehr bewegen.

Mit Rumrosinen verfeinerte Orangenmarmelade schmeckt auch sehr delikat.

Orangenmarmelade

1 kg unbehandelte Orangen / 2 Zitronen / 1/8 l Wasser / 1 kg Gelierzucker

1 Die Orangen heiß abwaschen und abtrocknen. 2 Die Schale von 2 Orangen so dünn abschälen, dass die weiße Haut nicht mitabgelöst wird. Die Orangenschale in etwa 2 Zentimeter lange, dünne Streifen schneiden oder würfeln. 3 Die restlichen Orangen schälen. Die Fruchtfilets von allen Orangen aus ihren dünnen Trennwänden auslösen. Die Kerne entfernen und das Fruchtfleisch klein schneiden. 4 Die Zitronen waschen und den Saft ausdrücken. 5 Die Schalenstücke, das Fruchtfleisch, den Zitronensaft, das Wasser und den Gelierzucker in einen Topf geben und alles miteinander vermischen. 6 Die Oran-

genmasse unter ständigem Rühren aufkochen und, ab diesem Zeitpunkt gemessen, 4 Minuten sprudelnd kochen lassen. 7 Gelierprobe nehmen. 8 Die Marmelade falls erforderlich abschäumen und heiß in Twist-off-Gläser randvoll abfüllen. 9 Die Gläser sofort verschließen, auf die Deckel stellen und ruhen lassen.

Achten Sie immer darauf, dass Sie unbehandelte, d.h. ungespritzte Zitronen erhalten.

Orangenmarmelade nach englischer Art

800 g Zitrusfrüchte (2 unbehandelte Bitterorangen, 3 unbehandelte mittelgroße Orangen und 1 unbehandelte Zitrone; statt Bitterorangen kann man auch 1 große Grapefruit oder 2 Orangen nehmen; fehlt es an Gewicht, 1 unbehandelte Orange zufügen) / 1 l Wasser / 1 kg Zucker

1 Die Zitrusfrüchte heiß abwaschen und abtrocknen. 2 Die Früchte halbieren. 3 Die Kerne herauslösen und in einer Tasse mit etwas Wasser bedecken. 4 Alle Früchte mit Schale in kleine Stücke schneiden, in eine Schüssel geben und mit dem restlichen Wasser bedecken. 5 Die Kerne und die Fruchtstücke über Nacht einweichen lassen. 6 Am nächsten Tag die eingeweichten Früchte mit ihrem Wasser in einem Mixer grob zerkleinern. 7 Das Fruchtmus zusammen mit dem Wasser der Kerne in einen Topf geben. Alles aufkochen und unter gelegentlichem Rühren bei schwacher Hitze 30 Minuten kochen lassen. 8 Die Kerne in ein Mulltuch binden. 9 Den Zucker unter das Fruchtmus rühren und die Kerne zufügen; sie enthalten viel Pektin, welches das Gelieren der Marmelade unterstützt. 10 Das Fruchtmus bei offenem Topf sprudelnd kochen lassen. 11 Nach weiteren 30 Minuten eine Gelierprobe nehmen. 12 Sobald die Marmelade richtig geliert, abschäumen und heiß in Twist-off-Gläser randvoll abfüllen. 13 Die Gläser sofort verschließen, auf die Deckel stellen und ruhen lassen.

Bitterorangen sind eine spezielle Züchtung, die hauptsächlich zwischen November und Februar angeboten wird. Sie dienen der Herstellung von bitter schmeckenden Likören, Orangeat und Marmelade.

Pfirsiche und Nektarinen

Beide sind eng miteinander verwandt und unterscheiden sich vor allem durch die Haut. Pfirsiche besitzen eine samtige, Nektarinen eine glatte Fruchthaut. Beide Fruchtarten wachsen bei uns nur in besonders warmen Gegenden. Meist kauft man Importe aus südeuropäischen Ländern. Die Früchte sind sehr empfindlich gegen Druck und nur begrenzt lagerfähig. Ihr volles Aroma erreichen sie erst bei Vollreife. Sie müssen dann zügig verarbeitet werden, da sie sich nur eine kurze Zeit frisch halten.

Mit gehackten Pistazien oder Sonnenblumenkernen lässt sich die Pfirsichmarmelade gut verfeinern.

Pfirsichkonfitüre

1 kg Pfirsiche / 2 Zitronen / Spezial-Gelierzucker im Verhältnis 2:1 (auf 1 kg Fruchtmasse kommen 500 g Gelierzucker) / 2 EL Marillenlikör

1 Die Pfirsiche kurz in kochendes Wasser tauchen (blanchieren), die Haut abziehen, halbieren und entsteinen. Das Fruchtfleisch klein schneiden und in einen Topf geben. **2** Die Zitronen auspressen und den Saft über die Pfirsichstücke gießen. **3** Die Pfirsichstücke wiegen. **4** Den Spezial-Gelierzucker entsprechend dem angegebenen Verhältnis abwiegen und unter die Fruchtmasse mischen. **5** Die Pfirsichstücke etwa 4 Stunden bei Zimmertemperatur ziehen lassen. **6** Die Pfirsichmasse unter ständigem Rühren aufkochen und, ab diesem Zeitpunkt gemessen, 3 Minuten sprudelnd kochen lassen. **7** Den Marillenlikör unter das Pfirsichmus mischen. **8** Gelierprobe nehmen. **9** Die Konfitüre falls nötig abschäumen und heiß in Twist-off-Gläser randvoll abfüllen. **10** Die Gläser sofort verschließen, auf die Deckel stellen und ruhen lassen, bis die Konfitüre abgekühlt ist.

Nektarinenmarmelade mit Orangen

1 kg Nektarinen / 2 Zitronen / 3 mittelgroße, unbehandelte Orangen / 1 kg Gelierzucker

1 Die Nektarinen waschen, abtrocknen, halbieren und entsteinen. Das Fruchtfleisch klein schneiden, in einem Mixer grob zerkleinern und in einen Topf geben. **2** Die Zitronen auspressen und den Saft über das Nektarinenmus gießen. **3** Die Orangen heiß abwaschen und abtrocknen. Die Schale von 2 Orangen so dünn abschälen, dass die weiße Haut an der Frucht bleibt. Die Orangenschale klein hacken und zum Nektarinenmus geben. **4** Die Orange auspressen und den Saft zum Nektarinenmus geben. **5** Den Gelierzucker mit dem Fruchtmus vermischen. **6** Das Fruchtmus unter ständigem Rühren aufkochen und, ab diesem Zeitpunkt gemessen, 4 Minuten sprudelnd kochen lassen. **7** Gelierprobe nehmen. **8** Die Marmelade falls erforderlich abschäumen und heiß in Twist-off-Gläser randvoll abfüllen. **9** Die Gläser sofort verschließen, auf die Deckel stellen und ruhen lassen.

Pfirsich-Aprikosen-Mango-Konfitüre

400 g Pfirsiche / 400 g Aprikosen / 300 g Mangofruchtfleisch / 2 Zitronen / 100 ml Weißwein / 1 kg Gelierzucker

1 Die Pfirsiche kurz in kochendes Wasser tauchen (blanchieren) und die Haut abziehen. Die Früchte halbieren und entsteinen. **2** Die Aprikosen waschen, abtrocknen, halbieren und entsteinen. **3** Die Hälfte des Fruchtfleisches von den Pfirsichen, den Aprikosen und den Mangos klein würfeln. **4** Die andere Hälfte des Fruchtfleisches in einem Mixer zermusen. **5** Die Fruchtstücke und das Fruchtmus zusammen in einen Topf geben. **6** Die Zitronen auspressen und den Saft über die Fruchtmasse gießen. **7** Den Weißwein unterrühren. **8** Den Gelierzucker mit der Fruchtmasse vermischen. **9** Die Fruchtmasse unter ständigem Rühren aufkochen und, ab diesem Zeitpunkt gemessen, 4 Minuten sprudelnd kochen las-

Pfirsiche oder Nektarinen lassen sich auch mit Kürbissen, Melonen, Bananen, Brombeeren, Johannisbeeren, Sauerkirschen oder Stachelbeeren zu schmackhaften Konfitüren verarbeiten.

Pflaumen haben ein sehr zartes, feines Aroma. Um dieses Aroma in Marmelade voll zur Entfaltung zu bringen, sollte man Pflaumen nicht mit anderen Früchten mischen.

sen. 10 Gelierprobe nehmen. 12 Die Konfitüre falls nötig abschäumen und heiß in Twist-off-Gläser randvoll abfüllen. 13 Die Gläser sofort verschließen, auf die Deckel stellen und bis zum vollständigem Gelieren und Erkalten der Konfitüre nicht mehr bewegen.

Pflaumen

Der Name Pflaume ist ein Sammelbegriff für eine Vielzahl von Arten, die sich zum Teil kaum voneinander unterscheiden. Handelsrelevant sind vor allem Rundpflaumen, Eierpflaumen, Zwetschgen, Halbzwetschgen, Mirabellen und Renekloden. Regional bekannt sind darüber hinaus auch noch Hafer- oder Kriechenpflaumen sowie Spillinge. Pflaumen sind sehr weiche, saftige und süße Steinfrüchte mit einer zumeist ausgeprägten Bauchnaht. Das Fruchtfleisch lässt sich teilweise nur schwer von dem Stein lösen. Pflaumen sind sehr empfindlich und nicht lagerungsfähig. Sie müssen nach dem Pflücken zügig verwertet werden. Neben der Verarbeitung zu Kompott oder dem süßsauren Einlegen der Früchte eignen sich die meisten Pflaumensorten gut für die Zubereitung von Marmelade und Pflaumenmus. Pflaumenmus schmeckt gut als Brotaufstrich, zu Grießbrei oder in Kuchen.

Frische Pflaumen sind angenehm im Duft, und ihre Schale ist mit einem pudrigen Reif überzogen.

Pflaumenmarmelade

1 kg Renekloden oder andere Pflaumen / 1 kg Gelierzucker / 1 Stange Zimt / 4 EL Pflaumenbrand nach Geschmack

1 Pflaumen waschen, abtropfen lassen und entsteinen. Das Fruchtfleisch in einem Mixer grob zerkleinern oder sehr klein schneiden.
2 Das Pflaumenmus in eine Schüssel

geben und mit dem Gelierzucker vermischen. 3 Die Zimtstange zum Pflaumenmus geben. 4 Das Fruchtmus abdecken und einige Stunden bei Zimmertemperatur ziehen lassen. 5 Das Pflaumenmus in einen Topf füllen. Unter ständigem Rühren aufkochen und, ab diesem Zeitpunkt gemessen, 4 Minuten sprudelnd kochen lassen. 6 Je nach Geschmacksvorliebe den Pflaumenbrand unter das heiße Mus rühren. 7 Gelierprobe nehmen. 8 Die Zimtstange entfernen. 9 Die Marmelade falls erforderlich abschäumen und heiß in Twist-off-Gläser randvoll abfüllen. 10 Die Gläser sofort verschließen, auf die Deckel stellen und ruhen lassen.

Pflaumenmus

2,5 bis 3 kg sehr reife Pflaumen / 500 g Gelierzucker / 1 unbehandelte Zitrone / 1 Stange Zimt, nach Geschmack / 4 Nelken / 54-prozentiger Rum nach Bedarf

1 Die Pflaumen verlesen, waschen, abtropfen lassen, entsteinen und in einem Mixer zerkleinern. 2 Das Pflaumenmus in einen Topf geben und mit dem Gelierzucker verrühren. 3 Die Zitrone heiß waschen, abtrocknen und sehr dünn schälen; die weiße Haut darf dabei nicht mit abgetrennt werden. 4 Die Zitronenschale und die Gewürze unter das Pflaumenmus mischen. 5 Das Mus abdecken und über Nacht ziehen lassen. 6 Am nächsten Tag das Pflaumenmus unter ständigem Rühren aufkochen lassen. 7 Das Pflaumenmus in einen weiten Topf oder in die saubere Fettpfanne des Backofens füllen. Die Form auf die mittlere Schiene des Backofens schieben und bei 150 °C (Umluft 130 °C, Gas Stufe 1) unter gelegentlichem Rühren eindicken lassen. Das Eindicken dauert etwa 90 Minuten. 8 Die Gewürze entfernen und das Pflaumenmus in Twist-off-Gläser abfüllen. Die Gläser sofort verschließen. 9 Wird das Mus in offene Gläser gefüllt, je ein passendes, in Rum getränktes Stück Pergamentpapier auflegen und das Glas mit Einmachhaut verschließen.

Das Pflaumenmus sollte möglichst in einer größeren Menge zubereitet werden, damit sich der Energieverbrauch lohnt.

Preiselbeeren

Preiselbeeren, auch Kronsbeeren genannt, sind vorwiegend Wildfrüchte. Sie werden in geringem Umfang aber auch als Kulturobst angepflanzt. Die kräftig roten Beeren sind fest und lassen sich leicht von den niedrigen Sträuchern abstreifen. Ihr Geschmack ist herb und säuerlich. Preiselbeeren sind für den rohen Verzehr wenig geeignet. Erst gekocht entwickeln sie ihr wohlschmeckendes, leicht bitteres Aroma.

Preiselbeermarmelade ist wegen ihres herben, leicht bitteren Geschmacks alleine oder in Kombination mit gekochten Birnen als Beilage zu Wildgerichten bestens geeignet.

Preiselbeer-Birnen-Marmelade

500 g Preiselbeeren / 1 unbehandelte Zitrone / 300 ml Wasser / 600 g reife Birnen / Spezial-Gelierzucker im Verhältnis 2:1 (auf 1 kg Fruchtmasse kommen 500 g Spezial-Gelierzucker)

1 Die Preiselbeeren mit kaltem Wasser in eine Schüssel geben und waschen. Die an der Oberfläche schwimmenden Beeren abheben und in einem Sieb abtropfen lassen. Die anderen Beeren wegschütten. **2** Die Zitrone heiß abwaschen und abtrocknen. Die Schale so dünn abschälen, dass die weiße Haut nicht mit abgetrennt wird. **3** Die Preiselbeeren mit der Zitronenschale und dem Wasser unter Rühren aufkochen und so lange kochen, bis sie zermusen. **4** Das Preiselbeermus durch ein Passiersieb streichen und in einen Topf füllen. **5** Die Birnen waschen, schälen, vierteln und die Kerngehäuse entfernen. Das Fruchtfleisch in sehr kleine Stücke schneiden. Die Zitrone auspressen und den Saft unter die Birnen mischen. **6** Die Birnenstücke zum Preiselbeermus geben und die Fruchtmasse wiegen. **7** Spezial-Gelierzucker entsprechend dem angegebenen Verhältnis abwiegen und unter die Fruchtmasse mischen. **8** Die Fruchtmasse unter ständigem Rühren aufkochen und, ab diesem Zeitpunkt gemessen, 3 Minuten sprudelnd kochen lassen. **9** Gelierprobe nehmen. **10** Die Marmelade falls erforderlich abschäumen, heiß in Twist-off-Gläser randvoll abfüllen und die Glasränder mit einem feuchten Tuch sauber abwischen. **11** Die Gläser sofort verschließen, auf die Deckel stellen und ruhen lassen.

Preiselbeermarmelade

1 kg Preiselbeeren / 3 saure, unreife Äpfel / 1 kg Gelierzucker

1 Die Preiselbeeren mit kaltem Wasser in eine Schüssel geben und waschen. Die an der Oberfläche schwimmenden Beeren abheben und in einem Sieb abtropfen lassen. Die anderen Beeren wegschütten. **2** Die Beeren in einem Mixer zerkleinern und das Fruchtmus in einen Topf füllen. **3** Die Äpfel waschen, schälen und die Kerngehäuse entfernen. Das Fruchtfleisch klein schneiden, in einem Mixer zerkleinern und das Apfelmus unter das Preiselbeermus rühren. **4** Den Gelierzucker untermischen. **5** Abdecken und das Fruchtmus 2 bis 3 Stunden bei Zimmertemperatur ziehen lassen. **6** Die Fruchtmasse unter ständigem Rühren aufkochen und, ab diesem Zeitpunkt gemessen, 4 Minuten sprudelnd kochen lassen. **7** Gelierprobe nehmen. **8** Die Marmelade falls erforderlich abschäumen und heiß in Twist-off-Gläser randvoll abfüllen. **9** Die Gläser sofort verschließen, auf die Deckel stellen und ruhen lassen.

Durch das lange Stehen bei Zimmertemperatur ziehen die eingezuckerten Früchte Saft und werden aromatischer.

Preiselbeermarmelade ist die typische Beilage zu Steaks von Wild und Rind.

Quitten

Die roh ungenießbaren Quitten enthalten so viel Pektin, dass man aus ihnen sogar schnittfeste Erzeugnisse wie zum Beispiel Quittenpaste zubereiten kann.

Quitten zählen neben Äpfeln und Birnen zum Kernobst und gehören zur Familie der Rosengewächse. Quitten werden bei uns fast nur als Gartenpflanzen angebaut. Importe kommen meist aus der Türkei. In reifem Stadium sind die Früchte leuchtend gelb gefärbt, doch selbst dann sind sie hart. Quitten sind roh nicht verzehrbar. Dank ihres hohen Pektingehaltes eignen sie sich aber bestens zum Einkochen und sind somit ein ideales Obst für Marmelade & Co. Beim Einmachen entwickeln sie einen kräftigen, unverwechselbaren Geschmack, der jedoch nicht jedermanns Sache ist. Es werden apfel- und birnenförmige Quitten unterschieden, wobei die apfelförmigen ein ausgeprägteres Aroma aufweisen.

Quittengelee

1,5 kg Quitten / ca. 1/2 l Wasser / Gelierzucker im Verhältnis 3:4 (auf 3/4 l Saft kommt 1 kg Gelierzucker)

1 Die Quitten waschen und abtrocknen, dabei den weißen Flaum auf der Schale abreiben. Die Früchte mit Schale und Kerngehäuse klein schneiden. **2** In einen Topf geben und mit Wasser gerade bedecken. Aufkochen und bei schwacher Hitze weich kochen. **3** Das Mus durch ein Mulltuch entsaften. **4** Den erkalteten Saft abmessen. **5** Gelierzucker abwiegen und unterrühren. **6** Den Quittensaft unter ständigem Rühren aufkochen und 1 Minute sprudelnd kochen lassen. **7** Gelierprobe nehmen. **8** Das Gelee falls nötig abschäumen und heiß in kleine Twist-off-Gläser randvoll abfüllen. **9** Gläser sofort verschließen, auf die Deckel stellen, nach 5 Minuten drehen und ruhen lassen.

Quitten-Apfel-Marmelade

800 g Quitten / Saft von 1 Zitrone / 600 g säuerliche Äpfel / ca. 1/2 l Wasser / Spezial-Gelierzucker im Verhältnis 2:1 (auf 1 kg Fruchtmasse kommen 500 g Gelierzucker)

1 Die Quitten waschen und abtrocknen, dabei den weißen Flaum auf den Früchten abreiben. Früchte vierteln, Kerngehäuse entfernen, das Fruchtfleisch klein schneiden und in einen Topf geben. **2** Zitronensaft zugießen.

3 Äpfel waschen, vierteln, die Kerngehäuse entfernen, das Fruchtfleisch klein schneiden und zu den Quittenstücken geben. **4** Die Fruchtstücke mit dem Wasser übergießen und so lange kochen, bis sie weich sind. **5** Die Fruchtmasse durch ein Sieb passieren und abwiegen. **6** Spezial-Gelierzucker abwiegen und untermischen. **7** Unter Rühren aufkochen und 3 Minuten sprudelnd kochen lassen. **8** Gelierprobe nehmen. **9** Die Marmelade falls nötig abschäumen und heiß in Twist-off-Gläser randvoll abfüllen. **10** Gläser verschließen, auf die Deckel stellen, ruhen lassen.

Rhabarber

Rhabarber gehört nicht, wie vielfach angenommen, zum Obst, sondern ist eine Gemüseart, auch wenn er fast nur wie Obst verarbeitet wird. Er ist mit Sauerampfer und Buchweizen verwandt. Die langen grünen oder rotgrünen Stiele, die im Handel ab April angeboten werden, stammen zumeist aus der Freilandhaltung. Frühere Angebote kommen aus Treibhäusern. Rhabarber gibt es mit grünem Stiel und grünem Fruchtfleisch, mit rotem Stiel und grünem Fruchtfleisch und mit rotem Stiel und rotem Fruchtfleisch. Alle Sorten haben ein wohlschmeckendes Aroma, wobei die grünfleischige Sorte die kräftigsten Stiele und damit das meiste Fruchtfleisch liefert, die rote Sorte dagegen das intensivere Aroma besitzt. Die

Der Rhabarber stammt aus Tibet oder der Mongolei und wird häufig dem Obst zugerechnet, obwohl er botanisch gesehen ein Gemüse ist.

Stiele der grünen Sorte haben den höchsten Oxalsäureanteil. Nach dem Verzehr von rohem Rhabarber treten häufig Kopfschmerzen und Übelkeit auf, die auf Oxalsäure zurückgeführt werden. Erst beim Kochen von Rhabarber wird die Oxalsäure abgebaut, weshalb man Rhabarber nicht roh essen sollte.

Die grünen Blätter des Rhabarbers dürfen auf keinen Fall roh gegessen oder mitverarbeitet werden, denn sie enthalten giftige Stoffe.

Rhabarber-Erdbeer-Konfitüre

500 g Rhabarber / 800 g Erdbeeren / Spezial-Gelierzucker im Verhältnis 2:1 (auf 1 kg Fruchtmasse kommen 500 g Spezial-Gelierzucker)

1 Den Rhabarber waschen, häuten, in etwa 1 Zentimeter lange Stücke schneiden und in einen Topf geben. **2** Die Erdbeeren waschen, abtropfen lassen, putzen, klein schneiden und zum Rhabarber geben. **3** Die Fruchtmasse wiegen. **4** Den Spezial-Gelierzucker entsprechend dem angegebenen Verhältnis abwiegen und unter die Fruchtmasse mischen. **5** Die Fruchtmasse unter ständigem Rühren aufkochen und, ab diesem Zeitpunkt gemessen, 3 Minuten sprudelnd kochen lassen. **6** Gelierprobe nehmen. **7** Die Konfitüre falls erforderlich abschäumen, heiß in Twist-off-Gläser randvoll abfüllen und die Glasränder nach Bedarf mit einem feuchten Tuch sauber abwischen. **8** Die Gläser sofort verschließen, auf die Deckel stellen und ruhen lassen.

info

Wer Marmelade & Co. in offene Gläser füllen will, muss auf das heiße Gut ein passendes, in Rum getränktes Stück Pergamentpapier legen und mit Rum bedecken. Darauf kommt Einmachhaut.

Stachelbeeren sind bei uns seit etwa 500 Jahren heimisch. Sie wurden ursprünglich von Mönchen als Heilkräuter angepflanzt. Erst später entdeckte man sie als schmackhaftes, vielseitig verwertbares Obst.

Rhabarber-Himbeer-Konfitüre

500 g Rhabarber / 500 g Himbeeren / 1 Zitrone / 1 kg Gelierzucker

1 Den Rhabarber waschen, häuten, in etwa 1 Zentimeter lange Stücke schneiden und in einen Topf geben. **2** Die Himbeeren waschen, abtropfen lassen, verlesen, zufügen und grob zerdrücken. **3** Die Zitrone auspressen und den Saft zur Fruchtmasse gießen. **4** Den Gelierzucker mit der Fruchtmasse vermischen. **5** Alles zusammen unter ständigem Rühren aufkochen und 4 Minuten sprudelnd kochen lassen. **6** Gelierprobe nehmen. **7** Die Konfitüre falls nötig abschäumen und heiß in Twist-off-Gläser randvoll abfüllen. **8** Die Gläser sofort verschließen, auf die Deckel stellen und ruhen lassen.

Stachelbeeren

Stachelbeeren sind eine typische Gartenpflanze, die im begrenzten Umfang aber auch in Kulturen gezogen wird. Die Früchte sind kugelig, länglich oval, zumeist von grüner bis goldgelber Farbe und glatt oder behaart. Die Schale ist fest. Ihr volles Aroma entwickeln sie, wenn sie am Strauch ausreifen können. Zum Kochen und Einmachen werden die Beeren zumeist grün gepflückt, da die unreifen Beeren einen hohen Pektin- und Säuregehalt aufweisen.

Stachelbeermarmelade

1 kg grüne (unreife) Stachelbeeren / 1 kg Gelierzucker / 1 Vanilleschote

1 Die Stachelbeeren waschen, abtropfen lassen und putzen. Die Früchte in einem Mixer zerkleinern und in einen Topf geben. 2 Den Gelierzucker mit dem Stachelbeermus vermischen. 3 Die Vanilleschote aufschneiden, das Mark auskratzen und unter das Stachelbeermus mischen. 4 Alles zusammen unter ständigem Rühren aufkochen und, ab diesem Zeitpunkt gemessen, 4 Minuten sprudelnd kochen lassen. 5 Gelierprobe nehmen. 6 Die Marmelade falls nötig abschäumen, heiß in Twist-off-Gläser randvoll abfüllen und die Glasränder nach Bedarf sauber abwischen. 7 Die Gläser sofort verschließen, auf die Deckel stellen und ruhen lassen.

Eine neue Züchtung, die verstärkt auf den Markt kommt, ist die Jostabeere. Sie ist eine Kreuzung von Johannisbeere und Stachelbeere. Die Früchte haben die Größe von Stachelbeeren, wachsen aber an Rispen wie Johannisbeeren.

Verfeinern Sie doch einmal Ihre Stachelbeermarmelade mit klein gehackten Minze- und Melisseblättchen.

Stachelbeer-Bananen-Konfitüre

700 g Stachelbeeren / 300 g geschälte Bananen / Saft von 1 Zitrone / Spezial-Gelierzucker im Verhältnis 2:1 (auf 1 kg Fruchtmasse kommen 500 g Spezial-Gelierzucker)

1 Stachelbeeren waschen und putzen. Die Früchte mit einem Stampfer grob zerdrücken und in einen Topf geben. 2 Die Bananen in Scheiben schneiden und mit den Stachelbeeren verrühren. 3 Den Zitronensaft unter das Fruchtmus mischen. 4 Die Fruchtmasse abwiegen. 5 Spezial-Gelierzucker abwiegen, untermischen und alles zugedeckt 2 Stunden ziehen lassen. 6 Die Masse unter ständigem Rühren aufkochen und 3 Minuten sprudelnd kochen lassen. 7 Gelierprobe nehmen. 8 Die Konfitüre falls nötig abschäumen und heiß in Twist-off-Gläser randvoll abfüllen. 9 Die Gläser sofort verschließen, auf die Deckel stellen und ruhen lassen.

Stachelbeeren, die kleine essbare Samen enthalten, schmecken säuerlich und hinterlassen einen leicht bitteren Nachgeschmack, der sich beim Kochen verliert.

Stachelbeerkonfitüre mit Sommerfrüchten

500 g Stachelbeeren / je 300 g Schwarze und Rote Johannisbeeren / 300 g Himbeeren / Spezial-Gelierzucker im Verhältnis 2:1 (auf 1 kg Fruchtmasse kommen 500 g Spezial-Gelierzucker) / 3 EL Himbeerbrand

1 Alle Beeren waschen, abtropfen lassen und putzen. 2 Die Stachelbeeren und die Roten Johannisbeeren in einem Mixer zerkleinern und in einen Topf geben. 3 Die Schwarzen Johannisbeeren mit einem Stampfer grob zerdrücken und zusammen mit den Himbeeren unter das Fruchtmus rühren. 4 Die Fruchtmasse abwiegen. 5 Spezial-Gelierzucker abwiegen,

untermischen und alles zugedeckt 2 Stunden ziehen lassen. **6** Die Fruchtmasse unter Rühren aufkochen und 3 Minuten sprudelnd kochen lassen. **7** Den Himbeerbrand unter die heiße Masse rühren. **8** Gelierprobe nehmen. **9** Die Konfitüre falls nötig, abschäumen und heiß in Twist-off-Gläser randvoll abfüllen. **10** Die Gläser sofort verschließen, auf die Deckel stellen und ruhen lassen.

Stachelbeergelee

1,5 kg Stachelbeeren / 2 Vanilleschoten / 300 ml saurer Weißwein / 1 kg Gelierzucker

1 Die Stachelbeeren waschen, putzen und in einen Topf geben. **2** Die Vanilleschoten aufschneiden, das Mark auskratzen und zu den Stachelbeeren geben. **3** Den Wein zugießen. **4** Alles aufkochen und unter gelegentlichem Rühren so lange kochen, bis die Beeren aufplatzen und weich sind. **5** Das Mus zusammen mit der Kochflüssigkeit durch ein Mulltuch entsaften. **6** 3/4 Liter erkalteten Saft abmessen, in einen Topf füllen und mit dem Gelierzucker vermischen. **7** Den Saft unter Rühren aufkochen und, ab dann gemessen, 4 Minuten sprudelnd kochen lassen. **8** Gelierprobe nehmen. **9** Das Gelee falls nötig abschäumen und heiß in kleine Twist-off-Gläser randvoll abfüllen. **10** Die Gläser sofort verschließen, auf die Deckel stellen, nach 5 Minuten drehen und bis zum völligen Gelieren nicht mehr bewegen.

Stachelbeergelee kann mit Apfelstücken verfeinert werden. Die gegarten Apfelstücke werden kurz vor dem Abfüllen des Gelees untergerührt. Damit die schweren Stücke nicht auf den Boden sinken, werden die Gläser nach etwa 3 Minuten umgedreht und dann bis zum völligen Gelieren nicht mehr bewegt.

Zwetschgen

Zwetschgen gehören zu den Pflaumenarten. Sie unterscheiden sich von den Pflaumen durch ihre länglichere Form und ihre meist kleinere Frucht. In reifem Zustand lässt sich ihr goldgelbes, sehr aromatisches Fruchtfleisch einfach vom Stein lösen.

Zwetschgenmus

2,5 bis 3 kg sehr reife Zwetschgen / 500 g Zucker / 1 unbehandelte Zitrone / 1 Stange Zimt / Rum nach Bedarf

1 Die Zwetschgen waschen, abtropfen lassen, putzen, entsteinen und in einem Mixer zerkleinern. **2** Das Zwetgenmus in einen Topf geben und mit dem Zucker verrühren. **3** Die Zitrone heiß waschen, abtrocknen und die Schale so dünn abschälen, dass die weiße Haut nicht mit abgetrennt wird. **4** Zitronenschale und Zimtstange unter das Zwetschgenmus mischen. **5** Den Topf abdecken und das Mus über Nacht ziehen lassen. **6** Am nächsten Tag das Zwetschgenmus unter ständigem Rühren aufkochen, bis es einmal sprudelnd kocht. **7** Das durchgekochte Mus in die Fettpfanne des Backofens füllen. **8** Den Backofen auf etwa 150 °C (Umluft 130 °C, Gas Stufe 1) erwärmen. **9** Die Fettpfanne auf die mittlere Schiene stellen und das Mus unter gelegentlichem Umrühren eindicken lassen; das dauert etwa 90 Minuten. **10** Zimtstange entfernen und das Mus heiß in Twist-off-Gläser abfüllen. Die Gläser sofort verschließen.

Anstelle von Zimt kann Zwetschgenmarmelade auch mit Sternanis verfeinert werden. Auch durch Zugabe von einigen Kernen, die aus den Zwetschgensteinen gelöst wurden, lässt sich die Marmelade pikant würzen.

Zwetschgen sind nur eine der 2000 heute kultivierten verschiedenen Pflaumensorten.

Zwetschgenmarmelade

1 kg Zwetschgen / 1 kg Gelierzucker / 1 Zitrone / 1 Stange Zimt / 3 EL Zwetschgenwasser

1 Die Zwetschgen waschen, abtropfen lassen, längs aufschneiden und entsteinen. Die Früchte in einem Mixer fein zerkleinern oder das Fruchtfleisch sehr klein schneiden. **2** Das Zwetschgenmus in eine Schüssel geben und mit dem Gelierzucker vermischen. **3** Die Zitrone ausdrücken und den Zitronensaft unter das Zwetschgenmus mischen. **4** Die Zimtstange zum Mus geben. **5** Den Topf abdecken und das Fruchtmus bei Zimmertemperatur einige Stunden ziehen lassen. **6** Das Zwetschgenmus unter ständigem Rühren aufkochen und, ab diesem Zeitpunkt gemessen, 4 Minuten sprudelnd kochen lassen. **7** Das Zwetschgenwasser unter das Mus mischen. **8** Gelierprobe nehmen. **9** Die Zimtstange entfernen. **10** Die Marmelade falls erforderlich abschäumen und heiß in Twist-off-Gläser randvoll abfüllen. **11** Die Gläser sofort verschließen, auf die Deckel stellen und ruhen lassen, bis die Marmelade abgekühlt ist.

Literaturverzeichnis

- *AID, Hefte*: Obst 1997, Gemüse 1997, Exoten und Zitrusfrüchte 1998
- *Casparek-Türkkan, Erika u. Casparek, Petra*: Echt hausgemacht. Cormoran, München 2000
- *Colditz, Gabriele* Früchte einkochen, kandieren, einlegen. Ulmer, Stuttgart 1991
- *Dr. Oetker*: Einmachen süß und pikant. Ceres, Bielefeld 1996
- *Ehmann, Brigitte (Hrsg.)*: Marmelade, Konfitüre, Gelee toll in Form. Bassermann 1999
- *essen & trinken*: Einmachen. Sonderausgabe, Naumann & Göbel, Köln 1997
- *Farkas, Rosemarie*: Marmeladen, Konfitüren, Gelees selbstgemacht. Heyne, München, 1998 2. Aufl.
- *Hannemann, Elise*: Kochbuch. Brandus'sche Verlagsbuchhandlung, Berlin 1918
- *Heyl, Hedwig Dr. med. h.c.*: Das ABC der Küche. Carl Habel Verlagsbuchhandlung, Berlin 1926
- *Jones, Brigitte*: Leckere Marmeladen & Gelees. Weltbild Verlag, Augsburg 1999
- *Knopius, Heike u. Dütsch, Norbert*: Das große Buch vom Einmachen. Ludwig, München 1997
- *Linnich, Eike*: Einmachen, Mosaik, München 1996
- *Nordzucker GmbH & Co KG*: Saison der süßen Früchte. Uelzen
- *Rüegg's, Kathrin*: Süße Einmachküche. Müller Rüschlikon, Cham, Schweiz 1993
- *Schirnharl, Cornelia*: Einmachen. Gräfe und Unzer, München 1996
- *Wildeisen, Annemarie*: Konfitüren, Marmeladen, Gelees, AT Verlag Aarau, Schweiz 1999
- *Wosch, Waldtraud*: Das besondere Marmeladenbuch. Mondschein-Verlag, Eggenstein 1999

Impressum

Redaktion:
Dr. Ute Paul-Prößler

Projektleitung:
Christine Seidel

Redaktionsleitung:
Dr. Reinhard Pietsch

Bildredaktion:
Tanja Nerger

Produktion:
Manfred Metzger (Leitung), A. Aatz

Umschlag:
Till Eiden

Layout:
Reinhard Soll

DTP/Satz:
Veronika Moga

Druck:
Weber Offset, München

Bindung:
R. Oldenbourg, München

Printed in Germany

Gedruckt auf chlor- und säurearmem Papier

ISBN 3-7787-3869-0

Über den Autor

Herbert Feldkamp lebt als freier Schriftsteller und Journalist in Norddeutschland. Er befasst sich seit langem mit der Herstellung von Lebensmitteln und hat schon viele Bücher zu diesem Thema geschrieben. Seine Vorliebe gilt der soliden, schnörkellosen ländlichen Küche.

Hinweis

Das vorliegende Buch ist sorgfältig erarbeitet worden. Dennoch erfolgen alle Angaben ohne Gewähr. Weder Autorin noch Verlag können für eventuelle Schäden, die aus den im Buch gemachten Hinweisen resultieren, eine Haftung übernehmen.

Bildnachweis

Alle Bilder stammen von Peter Rees, Köln mit Ausnahme von: Image Bank, München: 79 (International); Kerth Ulrich, München: 41, 68, 76, 82, 87; Photonica, Hamburg: Vor- und Nachsatz, 8, 43, 48, 54, 59, 65 (Neo Vision), 11, 57, 90 (Johner); Südwest Verlag, München: 17, 33, 92 (Ulrich Kerth), 20 (Reiner Hofmann), 24, 25, 27, 29, 34 (Peter Rees), 30, 46 (Amos Schliack), 55 (Joachim Heller), 79 (Siegfried Sperl), Freisteller (Südwest Archiv); Zefa, München: 5 (Zefa - K+K)

Sachregister

Rezeptregister

18/2,-